Couvertures supérieure et inférieure
en couleur

LEOMEDO
TRAGE-COMEDIE.

ar P. DV RYER, Secretaire de Monseigneur le Duc de Vandosme.

YF 6853

A PARIS,

Chez ANTHOINE DE SOMMAVILLE, au Palais dans la petite Salle, à l'Escu de France,

M. DC. XXXVI.

VEG PRIVILEGE DV ROY.

A TRES-HAVT,
ET
TRES-PVISSANT PRINCE,
CESAR,
DVC DE VANDOSME,
DE MERCOEVR, DE PENTHIEVRE,
de Beaufort & d'Eftampes, Prince
d'Aner & de Martigues, &c.
Pair de France.

ONSEIGNEVR,

Ie ne vous diray point quel eft ce

EPISTRE.

Cleomedon, que i'ose auiourd'huy vous
presenter; Vous le connoissez, puis
qu'il est né en vostre maison, & vous
l'auez tousiours si fauorablement esleué depuis sa naissance, qu'il ne peut
plus passer pour incognu aupres de vostre Grandeur. Il est Prince, Mais il
n'est pas de ceux qui n'ont besoin que
d'eux-mesmes pour se conseruer l'éclat
d'vne condition si releuee; Sa puissance
n'est pas capable de trauailler toute
seule à l'establissement de sa gloire, &
s'il n'est secouru de l'estime, dont vous
l'auez tousiours honnoré, ie desespere-
ray bien-tost de son auancement. Par
cette precieuse estime il a commencé de
deuenir grand, & par elle seule il s'est
fait mesme considerer par ces Iuges
seueres, qui ne trouueroient rien d'he-
roïque au monde si vostre vertu ne s'y

EPISTRE.

rencontroit pas. Continuez-luy donc,
Monseigneur, cét heureux auantage,
& iugez apres tout qu'il est de la gloire
d'vn grand Prince de proteger vn
Prince qui ne peut subsister de luy-
mesme. Cleomedon est né seulement
pour vous plaire, permettez qu'il viue
seulement pour s'auöuer de vous ; Et
puis que ie ne veux viure que pour le
mesme dessein pour lequel est né celuy
que ie vous presente, permettez aussi
que ie puisse incessamment publier que
ie suis,

MONSEIGNEVR,

De voştre Grandeur.

Le tres-humble, tres-obeyssant, &
tres-fidelle seruiteur. DV RYER.

PRIVILEGE DV ROY.

LOVIS par la grace de Dieu Roy de France & de Nauarre, A nos amez & feaux Conseillers les Gens tenans nos Cours de Parlement, Maistre des Requestes ordinaires de nostre Hostel, Baillifs, Seneschaux, Preuosts, leurs Lieutenans, & autres nos Iusticiers & Officiers qu'il appartiendra, Salut. Nostre bien amé ANTHOINE DE SOMMAVILLE, Marchand Libraire, Nous a fait remonstrer qu'il desiroit faire imprimer vn Liure intitulé, *Cleomedon, Trage-Comedie*, ce qu'il ne peut faire sans auoir sur ce nos Lettres humblement requerant icelles. A CES causes desirant fauorablement traitter ledit exposant, Nous luy auons permis & permettons par ces presentes de faire imprimer, vendre & debiter ledit Liure en tous les lieux & terres de nostre obeïssance, par tels Imprimeurs, en telles marges & caracteres, & autant de fois qu'il voudra, durant le temps & espace de sept ans entiers & accomplis, à compter du iour qu'il sera acheué d'imprimer. Faisant deffenses à tous Imprimeurs, Libraires & autres de quelques conditions qu'ils soient, tant Estrangers, que de nostre Royaume, d'imprimer, vendre ny distribuer en aucun endroit ledit Liure sans le consentement de l'Exposant, où de ceux qui auront droit de luy en vertu des presentes, ny mesme d'en prendre le tiltre, ou le contrefaire en telles sortes & maniere que ce soit, soubs couleur de fauce marge où autre desguisement, sur peine aux contreuenans de trois mil liures d'amende, appliquable vn tiers à Nous, vn tiers a l'Hostel-Dieu de Paris, & l'autre tiers à l'Expofant, de confifcation des exemplaires contrefaits, & de tous defpens, dommages, & interefts: Mefmes fi aucuns Libraires & Imprimeurs de noftre Royaume, ou Eftrangers trafiquans en iceluy eftoient trouuez faifis des exemplaires contrefaits, Nous voulons qu'ils foient condānez en pareils amendes que s'il les auoient imprimez, à condition qu'il fera mis deux exemplaires dudit Liure dans noftre Bibliotheque publique, & vn autre en celle de noftre tres-cher & feal le Sieur Seguier Cheualier, Chancelier de France, auant que pouuoir expofer ledit Liure en vente, à peine de nullité des prefentes, Du contenu defquelles Nous voulons, & vous mandons que vous faciez iouïr & vfer plainement & paifiblement ledit Expofant, où ceux qui auront charge de luy, faifant ceffer tous troubles & empefchemens fi aucuns leur eftoit donné. VOVLONS auffi qu'en mettant au commencement ou à la fin dudit Liure vn extraict des prefentes, elles foient tenuës pour deüement fignifiées, & que foy y foit adiouftée comme à l'original. MANDONS en outre au premier noftre Huiffier ou Sergent fur ce requis, de faire pour l'execution des prefentes tous exploits neceffaires, fans demander autre permiffion: CAR tel eft noftre plaifir, nonobftant Clameur de Haro, Chartre Normande, prife à partie, & lettres à ce contraires. Donné à Paris le dernier iour de Decembre l'an de grace mil fix cens trente-fix, & de noftre regne le vingt-fixiefme.

Par le Roy en fon Confeil,

DEMONCEAVX.

Acheué d'imprimer le 21. Feurier, 1636.
Les Exem laires ont efté fou i

LES ACTEVRS.

ARGIRE.	Reine, Mere de Celiante & de Cleomedon.
CELIANTE.	Frere de Celanire, & amoureux d'elle.
PLACIDE.	Confident d'Argire.
POLICANDRE.	Roy, Pere de Celanire, & de Celiante.
CELANIRE.	Amoureuse de Cleomedon.
BELISE.	Sœur de Celanire amoureuse de Celiante.
BIRENE.	Capitaine du party de Policandre.
CLEOMEDON.	Amoureux de Celanire.
ORONTE.	Confident de Celiante.
CREON.	Prince.
TIMANTE.	Prince.
CLORIMANTE.	Vieillard.

CLEOMEDON.

TRAGE-COMEDIE.

ACTE I.

SCENE PREMIERE.

ARGIRE. CELIANTE. PLACIDE.

ARGIRE.

Va d'vn pas genereux pourſuiure la vi-
ctoire;
Adiouſte à ta grandeur le luſtre de ta
gloire,
Et monſtre que ton bras t'euſt le Sceptre donné
Si le Ciel en naiſſant ne t'euſt pas couronné.

A

CLEOMEDON.

Desià nos ennemis ont senty les tonnerres
Que ton bras redoutable a lancé sur leurs terres,
Desià leurs chãps deserts blanchissent d'ossemens,
Le Soleil n'y reluit que sur des monuments,
Et s'estonne de voir en faisant sa carriere
Où fut vn grand Royaume vn ample Cimetiere.
Enfin de tous costez on respecte ton nom,
Tu triomphes par tout où vole ton renom,
Et de tout ce Païs si grand & si fertile,
Policandre son Roy n'a plus rien qu'vne ville.
Il voit auec horreur son estat limité
Du perissable enclos des murs d'vne Cité.
Mais ce n'est pas assez que son estat succombe,
Il faut suiure ce Roy iusques dedans la tombe,
Et des restes affreux de son trosne esbranlé
Luy faire en peu de temps vn tombeau signalé.
Donne donc à sa ville vne derniere attainte,
Entre victorieux où tu portes la crainte,
Et tire du malheur d'vn Monarque deffait
Le superbe appareil d'vn triomphe parfait.

CELIANTE.

Ce e   our m'animer d'employer le langage,

Vous m'auez en naissant inspiré le courage,
Et quelques beaux discours que vous m'ayez tra-
La gloire a des appas qui m'animent assez. [cez,
C'est le plus riche prix qu'vn grãd cœur se propose.
Mais estant né de vous puis-ie aymer autre chose;
Desià de tous costez Policandre assiegé
Vid entre nous & luy son Sceptre partagé,
La ville qui luy reste à nos soings est acquise,
Et l'effroy seulement nous l'a desia conquise
En vain elle se fie à ses superbes tours,
Et d'vn Cleomedon elle attend le secours.
A nos puissants efforts elle est abondonnée,
Nous tenons dans nos mains sa triste destinee,
Et quoy que Policandre espere de nouueau,
Il ne peut euiter nos fers ou le tombeau.

ARGIRE.

Quel est ce deffenseur que l'ennemy souhaite,
Et qui vient à tes faits adiouster sa desfaite,
D'où sort à ton aduis ce cœur audacieux?
Monte-il des enfers, ou descend il des Cieux?

CELIANTE.

Placide qui le sçait vous dira son histoire.

CLEOMEDON.

PLACIDE.

Ie n'en sçaurois parler sans parler à sa gloire.

ARGIRE.

Parle, dy nous les biens dont il est reuestu,
Ie hay mes ennemis, mais i'ayme leur vertu.

PLACIDE.

Cleomedon esclaue en son aage plus tendre
Fut autrefois offert au Prince Policandre,
La Nature, & le Ciel firent tous leurs efforts,
L'vn à former l'esprit, l'autre à former le corps.
Il charmoit tout le monde, en tous ses exercices,
De l'œil le plus barbare il estoit les delices,
Et fit assez iuger qu'il estoit reserué
Plustost à captiuer, qu'à se voir captiué.
Il fut donq achepté par ce malheureux Prince
De qui vous renuersez le Trosne & la Prouince,
Et le premier objet dont il parust vainqueur
Fut de ce mesme Prince & l'amour & le cœur.
Enfin il deuint grand, mais dans son esclauage
Il crûst plus en vertus qu'il ne fit pas en âge,
Comparable au Soleil tousiours foible en naissant

ARGIRE.

Ne pût-il s'affranchir auecques tant de grace?

PLACIDE.

Vn iour que lon prenoit les plaisirs de la chasse,
Le plus grand des Lions qu'on tenoit resserrez,
Rompit de sa prison les fers mal assurez,
Se iette dans le bois, s'adresse à Policandre,
Chasse ou renuerse ceux qui pouuoiët le deffendre;
Il rugit, il estonne, & par vn mesme effort
Il donne en mesme temps & la fuite & la mort.
Chacun selon sa peur rend sa route diuerse,
Policandre est pressé, son cheual se renuerse;
Mais pour le guarentir Cleomedon paroist,
Plus le danger est grand, plus son courage croist.
Il attend ce Lyon, il l'esquiue, il le presse,
Sa force en ce combat fait moins que son adresse,
Il parust vn Hercule en cette occasion,
Et contre ce Lion il se monstra Lion.

ARGIRE.

Quoy, Placide, il vainquit cette effroyable beste?

PLACIDE.

Enfin sa liberté suiuit ceste conqueste,

A i

Son Prince degagé de crainte & de foucy,
D'efclaue le fit libre & Cheualier auſsi.
Depuis ce temps, Madame, où ſon noble courage,
Deſſus ce grand Lion fit ſon apprentiſſage,
Il vid auec honneur les pays eſtrangers,
Et vainquit tout autant qu'il tenta de dangers.
Mais ſçachāt de ſon Roy le malheur ſans remede
Pour la ſeconde fois il paroiſt à ſon ayde,
Et mene à ſon ſecours ceux qu'il a rencontrez,
Qui faute d'vn bon chef ne s'eſtoiēt point mōſtrez.

ARGIRE.

Quoy qu'il ait fait de grād, ſa deffaite eſt poſsible,
Pour vaincre des Lions on n'eſt pas inuincible,
Alcide ſceut calmer mille rebellions,
Eſtouffa des Serpens & dompta des Lions,
Il fut de cent Tyrans l'equitable homicide,
Et pourtant vne femme a triomphé d'Alcide.

CELIANTE.

Fuſt il enuironné de mille bataillons,
Fuſt-il comme les Dieux armé de tourbillons,
Il aura ſeulement cette bonne fortune,
D'auoir auec ſon Prince vne tombe commune,

Et quelque grand succez qu'il se soit proposé
Il aura le seul bien d'auoir beaucoup osé.
Mais il est temps d'aller où la gloire m'appelle.

ARGIRE.

Vis pour elle mon fils, & meurs aussi pour elle;
Enfin n'espargne rien si tu veux tout gaigner,
Vn Prince conquerant ne doit rien espargner.
Presse, attaque pour luy, fay ce que ie desire,
Cours, & ne permets pas que l'ennemy respire,
Souuët la moindre tresue est fatale au vainqueur,
Et peut rendre aux vaincus leur premiere vigueur.
Va donc accompagné de force & de courage,
Fondre comme vn tonnerre, où la gloire t'entage,
Esteins iusqu'à la cendre vn feu si violent,
N'en laisse rien de vif, n'en laisse rien de lent,
Souuent d'vne estincelle vn grand feu se rallume,
Et par sa negligence vn vainqueur se consume;
Monstre - toy sans frayeur aux plus rudes tra-
    uaux;
Regarde d'vn mesme œil & les biẽs & les maux,
On ne doit redouter, ni peine, ni martire,
Alors que pour son prix on attend vn empire.

                                        A iiij

CELIANTE.

Animé par la gloire, & par voſtre diſcours,
Ie vaincrois des Demons armez à ſon ſecours.

ARGIRE.

Vous ſuiuez voſtre Roy, certains d'vne victoire,
Dont vous partagerez & le gain & la gloire.
Toy Placide demeure, & me dy nettement
Ce qui tombe en cecy deſſous ton ſentiment,
Enfin noſtre ennemy nous cede ſa couronne?

PLACIDE.

Mais apres tout, Madame, vne choſe m'eſtonne.
Vous auez autrefois recherché ſon Amour,
Et cherchez maintenant à le priuer du iour.

ARGIRE.

Ouy, Placide, il eſt vray que depuis mon veufuage,
I'ay long-temps en ſecret cherché ſon mariage,
Tu ne l'ignores pas, puiſque ſecrettement
Ie t'enuoiay vers luy pour cela ſeulement.
Ne croy pas toutesfois apres cette pourſuite
Qu'vn appetit brutal à ce point m'ait reduite,
Si i'ay ſollicité ce miſerable Roy,
Ie l'ay pû ſans rougir puis que i'auois ſa foy.

elian-
ſe re-
tre
auec
ceux
qui l'ac-
ompa-
noiét.

Ainsi ie le preſſay d'accomplir ſes promeſſes,
Mais l'ingrat dédaigna mon ſceptre & mes ca-
  reſſes,
Et crût qu'impunément on pouuoit negliger
Vne femme qui regne, & qui ſe peut vanger.
Enfin de ſon dédain ma hayne prit naiſſance,
Et contre cét ingrat ſouſleua ma puiſſance,
Mille pretextes faux couurent mes paſſions,
Les grands n'en manquent point en ces occaſions.

PLACIDE.

I'ignoray iuſqu'icy qu'au nom de l'hymenee
La foy de ce grand Roy vous euſt eſté donnee,
Et s'il m'eſtoit permis de vous interroger,
Si le bien de l'Eſtat m'y pouuoit obliger,
Ma curioſité me forceroit d'apprendre
Quel ſort vous engagea la foy de Policandre,
Mais l'on ne doit iamais ſe monſtrer curieux
Des affaires des Rois, & des ſecrets des Dieux,
Et l'on ne peut ſans crime en vouloir plus cognoi-
  ſtre
Que leur intention ne nous en fait paraiſtre.

ARGIRE.

Tu peux tout demander, & tu dois tout sçauoir,
Ce que ie cache à tous à toy ie le fay voir.
Sçache que Celiante est fils de Policandre.

PLACIDE.

Celiante est son fils!

ARGIRE.

Il te faut tout apprendre.

PLACIDE.

Vous m'estonnez, Madame.

ARGIRE.

Escoute seulement,
Et donne vn peu de trefue à ton estonnement.
Policandre fort ieune, & bien plus temeraire
Se deroba jadis de la Cour de son pere,
Et d'vn seul escuyer ayant fait tout son train,
Il s'expose aux dangers d'vn voyage incertain.
Il vid en incognu mainte terre estrangere,
Fut receu comme tel où commandoit mon pere,
Et comme vn ieune cœur est bien-tost enflammé.
Il me vid, il m'ayma, ie le vis, ie l'aimay.
Il m'aborde, il me parle auec autant de charmes

Qu'il receloit de feinte, & m'apprestoit de larmes
Mais il eut peu de peine à me gaigner le cœur,
Puisque desia son œil en estoit le vainqueur.
Ma Nourrisse & son fils furent sa confidence,
Par eux sa passion tenta mon innocence,   [sang.
Mais quoy qu'il employast, & qu'il m'offrist son
Il ne sceut son amour, que quand ie sceus son rang
Voiant donc que son Sceptre authorisoit la flame
Que son premier regard alluma dans mon ame,
Placide à mon malheur, le traistre apprit de moy
Qu'il auoit pour subiette vne fille de Roy.
Il me donna sa foy, ie lui donnay la mienne,
Il feignit d'estre mien, en effet ie fus sienne,
Et ma facilité lui fit bien voir alors
Que qui peut tout sur l'ame a beaucoup sur
  corps.
Helas comme l'Amour toute chose surmonte,
(Diray-ie sans rougir, ce que ie fis sans honte,)
Ma pudeur luy ceda, ie contentay ses veux,
Et le consentement nous maria tous deux.
Placide en mesme temps la triste renommée
De la mort de son Pere en tous lieux fut semée,

Ce funeste accident l'esloigna de mes yeux,
Et d'amant inconu le fit Roy glorieux.
Il me fit en partant mille promesses vaines,
Me dit qu'vn prôpt hymen abregeroit mes peines.
Et qu'on verroit chez nous de ses Ambassadeurs
Lors qu'il auroit attaint le sommet des grandeurs,
Mais le traistre, qu'il fut indigne de ma flame
S'esloignant de mes yeux m'esloigna de son ame,
Il crût insolemment au mespris de sa foy
Que les vœux d'vn Amant n'obligeoient pas vn
    Roy.
Et pour comble de mal, le croiras-tu Placide,
Vn autre mariage engagea le perfide.
Cependant ma douleur, & mon ressentiment
Auancerent le iour de mon accouchement,
Et ie vis naistre enfin le gage illegitime,
Issu de mon amour ou plustost de son crime.
Mais ie n'eus pas en tout le destin rigoureux,
Puisque ie pûs cacher cét enfant malheureux.
Ma nourrice & son fils par leurs soings le ca-
    cherent,
Aussi fidellement que ces flancs le porterent,

A peine fus ie libre, & de crainte & d'effroy,
Que le Roy des Santons ietta l'œil deſſus moy,
I'eſpouſay ce Monarque, & ſon grand heritage
Vid naiſtre vn ſucceſſeur de noſtre mariage.

PLACIDE.

N'eſt-ce pas Celiante?

ARGIRE.

On l'appelloit ainſi,
Mais eſcoute comment ſon ſort a reüſſi,
Eſcoute maintenant la plus triſte auanture
Qui paſſera iamais chez la race future.
Bien qu'vn Royal hymen m'engageaſt ſoubs ſes
    loix,
I'auois touſiours au cœur le plus traiſtre des Rois;
Ie bruſlois en ſecret de ma premiere flame,   [ame,
Mon eſpoux eut mon corps, Policandre eut mon
Et lors qu'à l'enchaſſer i'employois ma raiſon,
Ses charmes me touchoient plus que ſa trahiſon.
Comme i'aimay ce traiſtre, helas! i'aimay le gage,
Qu'en ce malheureux corps il laiſſa pour oſtage,
N'euſſe-ie pas aymé cét enfant fortuné,
Puiſque c'eſtoit l'Amour qui me l'auoit donné?

Craignant donc que du fort la fatale puissance
Rendist sa vie obscure ainsi que sa naissance,
Que fis-ie à ton aduis, ou que ne fis-ie pas,
Pour garder prés de moy ses innocens appas?
Ie fis acroire au Roy qu'vne Vierge sçauante
Menaçoit de la mort le petit Celiante,
Si durant trente mois mon idolatre amour
Ne cachoit cet enfant aux regards de la Cour,
On se mocqua d'abord de ces menaces vaines:
Mais enfin par mes pleurs, par mes cris, par mes
      peines,
Et par tous les transports d'vn esprit empesché
I'obtins mesme qu'au Roy l'enfant seroit caché.
Or ie ne pris ce temps qu'affin de pouuoir ren-
      dre,
Au lieu du fils du Roy celuy de Policandre,
Ma ruse reüssit auec le mesme sort
Que si toute la Cour en eust esté d'accord,
Ainsi dans ce dessein dont le succez m'estonne,
Ie fus mauuaise mere afin de t'estre bonne.
On vid croistre à la Cour cet enfant supposé,
Et i'admirois en luy ce que t'auois osé.

Enfin le Roy mourut, cét enfant lûi succede,
Il receut de sa mort le Sceptre qu'il possede,
Et par son grand courage incapable d'effroy,
D'iniuste possesseur, il se fit digne Roi.

PLACIDE.

Quelle triste fortune eut le vrai Celiante ?

ARGIRE.

Ie suis de son Destin tout à fait ignorante.
Ma Nourrice le prit, & dés le mesme iour
Clorimante son fils l'esloigna de la Cour.
Helas depuis ce temps i'ai vescu sans delices,
Mille secrets remords ont esté mes supplices,
Ie vois à cent vautours mon cœur abandonné,
Et ie porte vn enfer soubs vn front couronné.
Cét enfant fut perdu dans les guerres Ciuilles,
Dont le flambeau fatal consomma tant de Villes,
Et Clorimante mesme y fut aussi perdu,
Au moins, ie l'ai depuis vainement attendu.
Voilà de mes ennuis l'histoire veritable,
Dont l'estrange succeds approche de la fable,
Mais apres tant de feinte, & de sermens faussez,
Iuge si Policandre endure encor' assez.

Ie brusle de fur   t lors que ie considere,
Que i'ay donné mon Sceptre au fils d'vn aduer-
    saire.
O malheureux effet des desseins que ie fis!
Ie renuerse le Pere, & i'esleue le fils.
I'ay toutesfois ce bien dans ma iuste colere
Que ie me sers du fils pour me vanger du Pere.
Et le Ciel n'a permis que pour me contenter
Qu'il meure par le bras qui deuoit l'assister.

PLACIDE.

Vous exposez le fils en vous vengeant du Pere.

ARGIRE.

Et pour mieux me vanger i'exposerois la Mere.

PLACIDE.

C'est vouloir perdre tout que de le negliger.

ARGIRE.

N'importe on gaigne assez, lors qu'on peut se
    vanger.   PLACIDE.
Mais il est vostre sang.

ARGIRE.

        Il l'est de Policandre,
Ne t'estonne donc pas si ie vous le repandre.

le

Si le malheur du fils est au pere fatal,
Que l'on verse son sang, ie consens à son mal.
Pour auoir sur ce traistre vne insigne victoire,
Ie voudrois hazarder, & mon Sceptre & ma
gloire,
Ie perdrois mon renom tout illustre qu'il est,
On n'achepte point trop la vengeance qui plaist.
Mais enfin monstre toy par vn iuste silence
Digne de mon secret & de ma confidence.

PLACIDE.

Quand vous me l'auez dit ie l'ay si bien celé,
Que vous-mesme doutiez de m'en auoir parlé.
Hé Dieux! de quels desseins n'est capable vne
femme
Quand la haine ou l'amour tyrannise son ame?
A quoy me resoudray ie en cette extremité,
Verray-ie par le fils le Pere mal traité,
Et pouuant diuertin cette horrible auanture,
Verray-ie renuerser les loix de la Nature?
Souffriray-ie qu'vn Roy se rende criminel,
Iusqu'à lauer ses mains dans le sang paternel,

Il demeur seul.

B

Et que pour arriuer au trofne qu'il espere
Il se fasse vn degré du tombeau de son pere?
Que ie me sens gesné de pensers differents!
Et que c'est vn grand faix que le secret des grands!
On ayme à s'en charger, on le reçoit à l'aise,
Et lors qu'on s'en décharge on sent combien il pese.
Mais ne consultons point, il le faut dire au Roy,
La Nature, & le Ciel m'imposent cette loy.
Descouurir ce secret est vn mal necessaire,
Et le dire à propos vaut mieux que de le taire.

ACTE I.

SCENE DEVXIESME.

POLICANDRE. CELANIRE. BELISE.

POLICANDRE.

MEs filles, mon soucy, seules pour qui ie crains,
Seules pour qui i'endure, & pour qui ie me plains,

Vous iadis mes plaisirs, & maintenant mes peines
Tarissez de vos yeux les ameres fontaines;
Bien qu'vn sort rigoureux animé contre moy,
M'oste auec le pouuoir, le nom mesme de Roy,
Mes filles, mes tresors, ie le trouue prospere,
Puis qu'il me laisse encor la qualité de Pere.
Et malgré mon desastre & mes aduersitez
Il me reste beaucoup puisque vous me restez.
Faites voir desormais par vn peu de constance
Que vostre cœur est grand comme vostre naissance.
Ne pouuoir constamment supporter la douleur,
Dans les plus grands malheurs est vn autre mal-
     CELANIRE.   [heur.

Quand d'vn pere affligé nous pleurons l'auanture,
Ne nous deffendez point ce qu'apprend la nature,
Serions-nous vos enfans, si pour vos desplaisirs
Nos yeux estoient sans pleurs, & nos cœurs sans
 souspirs?
Non, non, il faut pleurer, la plainte est legitime,
En cette occasion la constance est vn crime,
Et vous croyriez vous mesme en ce cruel instant
Que mon cœur seroit dur au lieu d'estre constant.

Si nous estions sans pleurs, nous serions inhumai-
Et nostre dureté feroit croistre vos peines.   [nes,
Quand ie vous apperçoy si proche du danger,
La constance n'a rien qui me puisse alleger.
Si c'est vne vertu qui luit dans la misere,
C'est vn vice à l'enfant qui void perir son pere;
Souffrez donc que mes pleurs mouillent ces tristes
     lieux,
S'ils ne touchent la terre, ils toucheront les Cieux,
La iustice du Ciel nous donnera des armes
Si celle de la terre en refuse à nos larmes.

POLICANDRE.

Cessez pour mon repos de plaindre mon malheur,
Ces traits de vostre Amour, me sont traits de dou-

BELISE.   [leur.

Quand vostre volonté me deffend de me plaindre,
Vos maux sont les tyrans qui m'y viennent con-
     traindre.
Mais pour estre obey sans peine, & sans effors,
Au lieu de la constance ordonnez-nous la mort,
Il nous est plus facile, & bien plus honnorable
De terminer nos iours qu'vne plainte equitable.

POLICANDRE.

Dieux que de traits diuers sont poussez de vos
    mains,
Quand vous auez conclu la peine des humains!
Bien souuent d'vn enfant la fatale malice,
Aux peres affligez sert d'vn rude supplice,
Et par vn sort contraire où ie suis destiné,
Par la bonté des miens ie me trouue gesné,
Mais quelqu'vn vient icy.

ACTE I.

SCENE TROISIESME.

POLICANDRE. BIRENE. CELANIRE.
PLACIDE.

POLICANDRE.

Qvelle triste nouuelle
Venez-vous adiouster à ma peine eternelle?

Void-on pendre fur nous vn defaftre nouueau?
Suis-ie proche du trofne, ou proche du tombeau?
Et pour comble de maux, & d'vn fort plus in-
    fame
Me verray ie vaincu par les mains d'vne femme?

BIRENE.

Commencez d'efperer & changez de difcours.
Enfin Cleomedon vient à voftre fecours,
Et defia de fes faits la feule renommee
A chez les ennemis l'efpouuante femee.
A fon premier afpect les noftres ont fait voir
Ce qu'vn peu d'efperance a fur nous de pouuoir,
Et par vne fortie auffi prompte qu'ardante,
Ils ont des ennemis augmenté l'efpouuante.

POLICANDRE.

C'eftoit-là l'ordre exprés que i'en auois donné,
Mais qu'en peut efperer vn peuple infortuné?
Quel fuccez a fuiuy cét effort neceffaire,
Que d'vne & d'autre part a receu l'aduerfaire?

BIRENE.

Sire, dans ce combat vos gens victorieux
Ont fait de cent captifs vn butin glorieux.

POLICANDRE.

Que ſeruent cent captifs a qui perd vn Empire?

BIRENE.

Mais on a pris entre eux vn confident d'Argire,
Qui de trois coups mortels a reſſenty l'effort,
Et qui veut vous parler auparauant ſa mort.
Il a, nous a-il dit, des ſecrets à vous dire,
Qui vous rendront la paix auecque voſtre Em-
    pire,
Et que meſme à ſon Prince il alloit faire voir
Alors qu'il eſt tombé deſſous noſtre pouuoir.

POLICANDRE.

Qu'on le faſſe venir! ô Ciel ſi tu ne m'aydes,
Puis-ie aux maux où ie ſuis trouuer quelques re-
    medes?
Et du ſecours humain l'incertaine vertu
Peut elle releuer vn Monarque abatu?
C'eſt où les hômes ſeuls ne peuuent rien pretendre.

BIRENE.

Voicy le priſonnier.

POLICANDRE.

                    Que voulez-vous m'apprendre.

Il se meurt, mon amy, parle, & fais vn effort.

PLACIDE.

Grand Prince Celiante.

POLICANDRE.

Acheuez.

CELANIRE.

Il est mort.

BIRENE.

Courage, Celiante, acheuez,

POLICANDRE,

Ha! Birene,

Ie croy qu'il n'a paru que pour me mettre en
peine,
Et pour vanger sur moy son desastre apparant,
Par les profonds soucis qu'il me laisse en mou-
rant.

BIRENE.

Sire, Cleomedan est pour vous vn Alcide,
Il vous rendra la paix que promettoit Placide.

POLICANDRE.

Helas i'ay dans le Ciel de si grands ennemis
Que l'espoir seulement ne m'en est pas permis.

Faiſons voir toutesfois proche de mon naufrage,
Que ſi ie perds l'eſpoir, ie garde le courage.
Mourons auec honneur ſi nous deuons perir;
On ma veu viure en Roy, l'on m'y verra mou-
rir.

CLEOMEDON·

TRAGE-COMEDIE.

ACTE II.

SCENE PREMIERE.

CELANIRE. BELISE.

CELANIRE.

ENfin de nos malheurs la course est ar-
resttee,
Le sort nous rend la paix qu'il nous
auoit ostee,
Et de Cleomedon le bras victorieux
Rend nostre gloire egalle à la gloire des Dieux.

Enfin il eſt vainqueur, & ſa pourſuite ardante
Fait noſtre priſonnier du Prince Cellante,
Ce ſuperbe ennemy des peuples affligez
Se void chargé des fers qu'il nous auoit forgez,
Et par vn coup du Ciel qui ſauua cet Empire,
Il prend de nous la loy qu'il nous vouloit preſcrire,
S'il battit nos rempars ce fut auec raiſon,
Puis qu'ils deuoient vn iour luy ſeruir de priſon.
Ainſi, ma chere ſeur, quand le Ciel nous regarde
Son aſpeƈt ſeulement nous aſſure & nous garde.
Rien ne nous eſt cruel quand les Dieux nous ſont
    doux,
Et la terre flechit quand le Ciel eſt pour nous.

BELISE.

I'ay ſenty de nos maux les efforts tyranniques,
I'ay donné de mes pleurs aux miſeres publiques,
Et depuis que le Ciel accomplit nos deſirs
L'allegreſſe commune a fait tous mes plaiſirs.
Mais quoy que ie vous diſe, il faut que ie confeſſe
Que de ce Roy captif ie reſſens la triſteſſe,
Ie tremble pour moy-meſme alors que i'apperçoy
Que la rigueur du ſort traite ſi mal vn Roy.

CELANIRE.

Belife le Deftin lui paraiftroit contraire,
S'il auoit pour vainqueur vn courage ordinaire:
Mais dans ces defplaifirs fon fort eft glorieux,
Puifque Cleomedon en eft victorieux.
Le plus trifte vaincu n'eft pas fans auantage,
Lors qu'il a pour vainqueur vn genereux courage.

BELISE.

Vous parlez fi fouuent de cet heureux vainqueur,
Qu'à la fin ie croiray qu'il eft dans voftre cœur.
Que voftre feruitude augmente icy fa gloire,
Et que iufqu'à voftre ame il eftend fa victoire.

CELANIRE.

Vous plaignez fi fouuent vn ennemy deffait,
Il paroift à vos yeux fi doux & fi parfait,
Vous partagez fi bien la honte de fa prife,
Que vous mefme ma fœur fembleriez eftre prife.
Lon diroit que fes fers s'eftendent iufqu'à vous,
Et tout captif qu'il eft, qu'il triomphe chez nous.

BELISE.

La commune pitié que l'on doit aux miferes,
Me fait pouffer pour luy des plaintes fi legeres.

CELANIRE.

Et de Cleomedon l'inuincible secours
M'oblige à luy dõner pour le moins mon discours.
Ie paraistrois ingrate, & plaine d'iniustices,
Si ma loüange au moins ne payoit ses seruices.
Ma sœur, l'ingratitude arriue au dernier point,
Lors qu'õ reçoit des biẽs, & qu'õ n'en parle point.
Ne t'estonne donc pas si ma bouche est ouuerte,
Aux loüanges du bras qui destourne ma perte,
Pour n'estre pas ingrate à ce noble vainqueur,
Si ma voix ne suffit ie donneray le cœur.
Ne pense pas pourtant qu'vn si iuste langage
Soit d'vn feu dereglé le honteux tesmoignage.
Quand mon esprit conçoit ce discours genereux,
Il est reconnoissant, & non pas amoureux.

BELISE.

Ne faites point si viste vne excuse semblable,
Qui s'excuse trop tost monstre qu'il est coupable.
Celanire souuent.

CELANIRE

He bien n'en parlons plus,
Aussi bien ces discours me semblent superflus.

BELISE.

Sortez-vous?

CELANIRE.

Non ma sœur.

BELISE.

Adieu donc ie vous laisse,
Il faut que i'aille au temple, & desia l'heure presse.

CELANIRE seule.

Ouy Belise, il est vray que le mesme vainqueur
Surmonte Celiante, & captiue mon cœur,
Il est vray que ie l'ayme, & que dans nos histoires
On pourra bien me mettre au rãg de ses victoires,
Ce grand feu que ie sens n'est pas vn feu d'vn iour,
Mais dãs vn ieune corps ie cache vn vieil Amour.
I'aimay Cleomedon durant son esclauage,
La douceur de ses yeux commença mon seruage,
Et maintenant ma sœur, ses exploicts glorieux
Luy conseruent ce cœur que gaignerent ses yeux.
Si sa condition rend mon amour blasmable,
La gloire de ses faits le peut rendre loüable.
Enfin si mon amour nasquit honteusement,
Il peut viure sans honte, & croistre iustement.

I'ayme mon deffenseur, tout aime de la sorte,
Et la nature enseigne vne amitié si forte.   [dus
A qui nos cœurs bruslans seroient - ils mieux ren-
Qu'à l'inuincible main qui les a deffendus.
Mais voicy ce guerrier auec autant de grace,
Qu'il fait voir aux côbats de courage & d'audace.

ACTE II.
SCENE DEVXIESME.

CELANIRE.   CLEOMEDON.

CELANIRE.

DEsia ie vous pensois esloigné de ces lieux.
CLEOMEDON.
Ie ne m'esloigne point sans adorer mes Dieux,
Ie doy suiure, il est vray, cette cruelle Argire,
Dont la seule fureur embrasa cét Empire,
Ie dois aller abatre vn reste de mutins,
Et par leur sang infame appaiser nos destins,

Mais pour auoir sur eux vn illustre auantage,
Il faut que vos regards m'inspirent le courage,
Et que i'apprene à vaincre auprès des plus beaux
  yeux,
Dont iamais la nature ait enrichy ces lieux.

CELANIRE.

Va donc, Cleomedon, assuré de la gloire,
Si de mes bons regards dépend cette victoire.
Par de noueaux exploicts que ton bras fasse voir,
Que qui conserue vn Sceptre est digne de l'auoir.
Donne vn nouueau laurier à ton courage extreme,
Et pour mieux t'animer, souuiens - toy que ie
  t'ayme.

CLEOMEDON.

Si quelque heureux succez a suiuy mes combats,
Ce seul ressouuenir a plus fait que mon bras,
Quand de nos ennemis i'ay fait voir vn carnage,
Vostre amour agissoit plustost que mon courage.
Et si quelque victoire honnoré mon retour,
Ie ne la veux deuoir qu'à vostre seul Amour,
Par luy i'ay triomphé d'vn puissant auersaire,
Mais par luy mesme aussi ie semble temeraire,

Et

Et par le iuste exceds de mon affection,
Ie change en verité la fable d'Ixion.

Ainsi par vn destin qu'à peine on pourroit croire,
L'amour est tout ensemble , & mon vice & ma
gloire.

CELANIRE.

Quelques difficultez que tu sembles trouuer,
Si l'amour est ta gloire, il le faut conseruer,
Et si ce n'est qu'vn vice alors qu'il te transporte,
Ie t'aymeray tousiours vitieux de la sorte.

CLEOMEDON.

Puisque ie suis certain que mon vice vous plaist,
Ie le conserueray tout extréme qu'il est.
Pour chasser de mon cœur vn feu si legitime,
Il faudroit en chasser celui-là qui m'anime,
Vostre œil qui ne reluit qu'affin de triompher,
Ne produit point d'amour que l'on puisse estouffer.
Alors que dans les cœurs il iette quelque flame,
Il fait prendre à l'Amour la nature de l'ame.
Qui vous ayme vne fois vous ayme incessam-
ment,
Et qui brusle pour vous brusle eternellement.

Mais loing de dire i'ayme, alors que ie fouſpire,
Ie doy dire en tremblant, i'adore Celanire.

CELANIRE.

Si tu veux alleger les peines que ie ſens,
Donne moy de l'amour & non pas de l'encens.
Ie ne veux point paraiſtre à tes yeux adorable,
Ce me ſera beaucoup ſi ie leur ſuis aymable.

CLEOMEDON. [yeux

Vous eſtes l'vne & l'autre, à mon cœur, à m
Où ie voy vos beautez, là ie troque mes Dieux;
Mais ſi i'ayme trop haut, & ſi ce m'eſt vn vice,
I'ayme ſans eſperance, & c'eſt là mon ſupplice.
Alors qu'en vos liens mon cœur eſt arreſté,
N'appellez point ma flame vne temerité:
Ie bruſle ſans eſpoir du beau feu qui m'eſclaire,
Et l'amour ſans eſpoir n'eſt iamais temeraire;
Le ſort qui me conduit me ſemblera bien doux,
Si comme i'ay veſcu, ie meurs auſſi pour vous.
C'eſt la ſeule faueur comme la moins commune,
Que ſans temerité i'attends de ma fortune.

CELANIRE.

Ie t'ayme, c'eſt aſſez, & ce diſcours t'apprend

Que tu dois regarder plus haut que tu n'es grand;
Pour aspirer enfin où i'aspire moy-mesme,
Ne te regarde pas, mais regarde qui t'ayme,
Et croy que ce destin qui te fit mon Amant,
Sage en tous ses desseins ne fait rien vainement.
Si du sort inconstant l'orgueilleuse puissance
Nous cache iniustement le lieu de ta naissance,
Si tu n'es pas connu par vn nombre d'ayeux,
Qu'vne erreur idolatre ait mis du rang des Dieux,
C'est assez que tes faits te rendent adorable,
Et que par ta vertu tu sois considerable.
,,Bien qu'on sorte d'vn Dieu, bien qu'on sorte d'vn
*   Roy,*
,,Qui vante ses ayeux ne vante rien de soy;
Mais poursui ton dessein, va triompher d'Ar-
*   gire,*
Et comme ton Amour merite Celanire,
Fai voir que ton courage à vaincre si constant,
Merite aussi sa part du Sceptre qu'elle attend.

CLEOMEDON.

Ce n'est point là le prix, ny le bien que i'espere,
Souffrez que ie vous ayme, & i'auray mõ salaire.

En l'estat où le Ciel me voulut abaisser,
Endurer mon amour c'est me recompenser.

CELANIRE.

En l'estat glorieux où nous met ton courage,
Ne te pas adorer, c'est te faire vn outrage.
Espere, ie le veux, tu dois perseuerer,
Lors qu'on merite tout on peut tout esperer.

CLEOMEDON.

Que d'oy-ie à ces faueurs dont l'excez me transporte,
Et que ne dompterois-ie animé de la sorte?

ACTE II.

SCENE TROISIESME.

CELIANTE. ORONTE.

ORONTE.

Puisque par les Destins il estoit arresté,
Que ie partagerois vostre captiuité.

uisque le bras fatal de l'aueugle fortune
ous a fait rencontrer vne prison commune,
ouffrez qu'à vos douleurs tous mes soins soient
offerts,
t qu'enfin ie vous aydé à supporter vos fers.
usqu'icy vos souspirs ont rendu tesmoignage,
ue l'auerse fortune abat vostre courage,
squ'icy vos vertus, sans ame & sans vigueur,
nt fait trop peu d'efforts contre vostre lan-
gueur.
est temps de monstrer qu'elles sçauent combattre,
hors que le malheur s'efforce à vous abatre.
ui se laisse dompter par quelque auersité,
emble indigne des biens de la prosperité.
ous pourra-on iuger digne d'vne couronne,
i le mal qui la suit vous trouble & vous estonne?
ue pourra-on penser qui ne soit contre vous,
i le Sort vous abat au premier de ses coups?
on discours est hardy, mais excusez mon zele,
e point flatter les Rois c'est leur estre fidelle,
onstrez donc qu'vn courage où regne la vertu
eut bien estre assailly, mais non pas abbatu.

Voſtre captiuité n'eſt point ſi deplorable,
Policandre vous ayme, il vous eſt fauorable,
Vous poſſedez enfin toute la liberté
Que l'on peut ſouhaiter dans la captiuité.
Vous allez, vous venez, perſonne ne vous garde,
Et voſtre ſeule foy vous ſert icy de garde.

CELANIRE.

La perte de mon Sceptre & de ma liberté,
N'eſt pas le plus grand coup dont ie ſois tourmété.
Lors qu'vn mauuais deſtin me fit prédre les armes,
Ie preparay mon cœur à toutes ſes allarmes,
Ie preuy tout le mal qui trouble mon party,
Et l'ayant plus preueu ie l'ay moins reſſenty.
Mais d'vn trait plus aigu mon ame eſt trauerſee,
Et ſoubs vn autre ioug ma gloire eſt abaiſſée,
Si le Sort triompha de mon troſne abatu,
Vn ennemy plus fort ſurmonte ma vertu.
Ainſi pour me geſner auecques plus d'outrage,
Le Ciel ne ma laiſſé ny Sceptre, ny courage.

ORONTE.

Qui vous pourroit troubler en cette extremité,
Si vous ne l'eſtes pas par voſtre auerſité?

CELIANTE.

elas! de mille maux ma fortune est suiuie,
n ennemy secret attente sur ma vie,
t desia de ses traits l'inuincible rigueur,
Malgré tous mes efforts m'a trauersé le cœur.

ORONTE.

ire, que dites vous ? faites le moy cognoistre,
ǒ bras vous sauuera des outrages d'vn traistre,
ust-il à son secours les forces de l'enfer,
out captif que ie suis i en sçauray triompher.

CELIANTE.

on secours est trop foible.

ORONTE.

Hé bien pour s'en deffendre
Il faut de son dessein auertir Policandre.

CELIANTE.

Voi, mon fidelle Oronte, où ie suis destiné,
C'est lui qui l'a fait naistre, & qui me l'a donné.

ORONTE.

Ne le cognois-ie point?

CELIANTE.

As-tu veu Celanire?

C iiij

C'eſt l'aymable ennemy qui fait que ie ſouſpire,
Ie l'ayme, & ſon bel œil triomphant à ſon tour
D'vn priſonnier de guerre en a fait vn d'amour.
Ie voy de deux façons ma liberté rauie,
De meſme que mon corps mon ame eſt aſſeruie;
Et pour mieux m'arreſter chez ce peuple vain-
    queur,
Le pere tient mon corps, & la fille a mon cœur.
Regarde maintenant ſi le mal qui me preſſe
Fait voir deſſus mon front vne iuſte triſteſſe;
Que pourrois-ie eſperer d'vn Roy victorieux,
A qui mes actions me rendent odieux?
Que pourrois-ie eſperer d'vne fille en colere,
De qui i'ay tant de fois fait ſouſpirer le pere?
Helas! quand mon eſprit regarde le paſſé,
Quand ie voy par mes mains Policandre abaiſſé,
Quand ie voy chez les ſiens tant de villes deſertes,
De carnage, de cendre, & de tombes couuertes,
I'apprends que c'eſt en vain parmy tant de tra-
    uaux,
Que i'atiends quelques biens où i'ay tant mis de
    maux.

Ie trouue qu'en ce poinct ma raison est perduë,
De demander l'amour où la haine m'est deuë.
Aussi mon cher, Oronte, en l'estat où ie suis,
Esperer de mourir est tout ce que ie puis.

ORONTE.

Puisque c'est de l'amour d'où vostre mal procede,
Quelque grand qu'il puisse estre, il n'est pas sans
    remede;
Et bien que vos douleurs se cognoissent assez,
Vous n'estes pas malade au point que vous pensez.
Alors que vous croyez vos blessures mortelles,
La seule opinion vous les rend si cruelles;
Pour moy i'ay cét espoir qui sãs beaucoup d'efforts
Ce seruage de l'ame affranchira le corps,
Et qu'apres les assauts d'vne vaine tristesse
L'Amour releuera ce que le Sort abaisse.

CELIANTE.

Crois-tu me secourir quand tu flattes mes maux?
Le discours qui nous flatte est vn remede faux.

ORONTE.

Permettez seulement qu'on vous soit secourable,
Souuent par nostre faute vn mal est incurable.

CELIANTE.

Que pourrois-tu trouuer qui fuſt à mon ſecours?
Penſes-tu m'alleger auecques le diſcours?
Ne me diras-tu point qu'vne flame amoureuſe
Eſt vn indigne obiect d'vne ame genereuſe?
Ne me diras-tu point qu'vn vertueux effort
Eſt maiſtre de l'Amour de meſme que du Sort;
Que ce ieune Tyran ne peut rien ſur nos ames,
Si nous ne conſentons qu'il y iette ſes flames,
Et qu'enfin ſes tourmens ſi cruels & ſi longs
Ne s'arreſtent chez nous que tant que nous vou-
　　lons.
Tiendras-tu ce diſcours pour me donner de l'aide?
Mon mal ſera bien long ſi c'eſt là mon remede.
Ne t'efforce donc point de rompre mes priſons,
Mon amour eſt plus fort que ne ſont tes raiſons.
Croirois-tu reſiſter à ce feu qui me bruſle,
Et vaincre vn ennemi qui triompha d'Hercule?

ORONTE.

on, non, Sire.

CELIANTE.

　　　　Hé quoy donc?

ORONTE.

Escoutez seulement.

CELIANTE.

Que pourrois-ie escouter pour mon soulagement?
Pour me tirer des maux où mon ame souspire,
Il faut à mon secours la Mort ou Celanire.

ORONTE.

Vous l'aurez.

CELIANTE.

Quoy la Mort?

ORONTE.

Vous aurez du secours
Si l'oreille & le cœur s'ouurent à mon discours.

CELIANTE.

Il te faut escouter, mais que peux-tu m'apprendre.

ORONTE.

Bien qu'vn destin plus doux regarde Policandre,
Bien que ce Roy vainqueur graue par tout ses
    loix,
Et qu'il soit aussi craint qu'il craignoit autrefois:
Biē qu'enfin son malheur ait fait place à sa gloire,
Ses maux sont toutesfois restez dans sa memoire;

Il ſçait combien d'ennuis ſuiuent les Potentats,
Qu'il tonne inceſſamment à l'entour des Eſtats,
Et que de ce grand troſne où le Ciel le veut rendre,
Il peut auec horreur vne autrefois deſcendre.
Il ſçait qu'vn Sceptre tremble, & qu'il eſt vn
    grand faix,
Lors qu'vne longue guerre en eſloigne la paix.
Iugez donc ſi ce Prince inſtruit par ſa miſere,
Dedaigneroit pour luy cét appuy neceſſaire;
Et de quelle façon l'arreſteroit-il mieux
Que par les nœuds ſacrez d'vn hymen glorieux?
Peut eſtre que le Ciel a permis voſtre priſe,
Pour en faciliter l'agreable entrepriſe.
Si le Sort de la guerre euſt ſuiuy vos ſouhaits,
Voſtre courage ſeul eſt retardé la paix:
Mais par vn coup du Ciel, moins funeſte qu'vtile,
Maintenant voſtre amour vous la rendra facile,
Vous applanira tant de difficultez,
Qui d'vne longue paix precedent les traitez.

CELIANTE.

My, cela ſe peut, mais que i'y voy d'obſtacles.

ORONTE.

Le Dieu que vous feruez fçait faire des miracle
Mais fans plus confulter fur vn fi beau deſſein,
Permettez feulement que i'y preſte la main.

CELIANTE.

Va, ie te le permets. Helas! reuiens Oronte,
Mais fur tout ne fais rien qui retourne à ma hõ
Et fonge en ce deſſein d'où dépend mon bon-heur
Que i'ayme efgallement Celanire & l'honneur

ORONTE.

En vain fur ce fujet voſtre eſprit fe trauaille,
Ie conduiray l'affaire où vous voulez qu'elle aill

CELIANTE.

Va, ne differe plus: Amour, fois mon fecours,
Et fi mes maux font grands, faits au moins qu'
    foient courts.
Mais efcoute, reuiens; Il ne m'importe, Oronte
Que cette paix me comble ou de gloire, ou de honn
Quoy que l'hõneur demãde, & s'oppofe à ce cou
Contente mon amour & tu feras beaucoup.
Donne fans refifter, Sceptre, Couronne, Empire
Ie gaigneray bien plus fi i'obtiens Celanire.

Accepte librement toutes sortes de loix,
Hercule pour l'Amour sçeut filer autrefois. [rable,
Qu'on ait le Sort contraire, ou qu'on l'ait fauo-
Ce qu'on fait pour l'Amour est tousiours honorable.

ORONTE.

Laissez-moy trauailler à cette heureuse Paix:
Et l'Honneur, & l'Amour en seront satisfaits.

ACTE II.
SCENE QVATRIESME.

POLICANDRE. CLEOMEDON. CELANIRE. TIMANTE. CREON.

POLICANDRE.

DEuant que ton courage acheue vne victoire,
Qui nous va couronner d'vne immortelle
gloire:
Tu dois voir par vn prix qui soit digne de toy,
Que ie merite au moins qu'on trauaille pour moy.

Si ton bras genereux parut à ma deffense,
Voy tu bien Celanire ? elle est ta recompense.

CLEOMEDON.

Ha ! Sire, ie croirois qu'on se riroit de moy,
Si ie n'auois oüy les paroles d'vn Roy :
Quel Dieu n'estimeroit sa fortune contente
De la possession du bien qu'on me presente ?
Et qui ne iugeroit qu'vn honneur si parfait,
Ne soit vn prix plus grand que tout ce que i'ay
    fait.
Ie sçay biē que Madame est sous vostre puissance,
Et qu'entre ses vertus on void l'obeïssance ;
Mais me voyant si bas, ie voy trop clairement
Qu'elle vous peut icy resister iustement.

POLICANDRE.

I'ay sondé là dessus l'esprit de Celanire :
Ce que i'ay resolu c'est ce qu'elle desire.
Mais ma fille parlez, ne vous contraignez pas.

TIMANTE à l'escart.

Elle a le cœur trop haut pour l'arrester si bas.

POLICANDRE.

Parlez moy librement, cette affaire vous touche.

CELANIRE.

Mon cœur ne dément point ce qu'auance ma
 bouche.

POLICANDRE.

Ne vous contraignez point, soyez libre vne fois.

CELANIRE.

C'est à moy d'obeïr quand vous faites des loix,
Et vous nous les donnez si douces & si saintes,
Que les plus endurcis les suiuroiët sans côtraintes.

CLEOMEDON.

Ha! ce bien est si haut par dessus mon espoir,
Que mesme en l'obtenant ie doute de l'auoir.
Ainsi lors que pour moy vos bontez sans limites
Destinent tant de gloire à si peu de merites,
Vous monstrez que les Rois qui veulent nostre
 bien,
Sgauent comme les Dieux faire beaucoup de rien.

POLICANDRE.

Va donc, Cleomedon, acheuer des conquestes,
Qui doiuent de nos iours esloigner les tempestes,
Et si iadis ton bras a combatu pour moy,
Asseuré de ton prix va combattre pour toy.

Tvr

TIMANTE & CREON demeurent.

TIMANTE.

O deſſein plus honteux & bien plus redoutable,
Que noſtre auerſité ne fut eſpouuentable !
Faut-il qu'vn eſtranger, noſtre eſclaue autrefois,
Rempliſſe auec orgueil le throſne de nos Rois ?
Souffrirons-nous en fin qu'vn inconnu nous braue,
Et qu'il commande à ceux dont il eſtoit l'eſclaue?
Eſleuer ce ſuperbe à ce bien nompareil,
C'eſt mettre vn Phaëton dans le char du Soleil.
Il faut rompre ce coup par force, ou par adreſſe,
Gaigner ſubtilement le cœur de la Princeſſe;
Et luy rendre ſuſpect ce ieune audacieux,
Qui dédaigne la terre, & regarde les Cieux.
Croyez-vous que ſon cœur parle cõme ſa bouche,
Qu'elle puiſſe approuuer ce deſſein qui la touche;
Et que de ſa naiſſance oubliant la grandeur
Elle veüille obſcurcir ſa Royale ſplendeur?
Non, non, cette Princeſſe a l'ame mieux placée,
Vne haute naiſſance eſleue la penſée,
Et ſert d'enſeignement aux eſprits genereux,
Pour ne rien conceuoir qui ſoit indigne d'eux.

D

CLEOMEDON.
CREON.

Mettons le throsne à bas, & mesme à nostre hôte,
Plustost que de souffrir que cét esclaue y monte.
Prendre la loy de ceux qui la prenoient de nous,
Est le plus grãd des maux dont l'on sente les coups.
Entretenons plustost des guerres eternelles.

ACTE II.
SCENE CINQVIESME.
TIMANTE. ORONTE. CREON.

TIMANTE.

Ais Oronte s'auance:hé bien! quelles nou-
ORONTE.   [uelles?
Que peut dire vn captif qui ne void rien que soy?
TIMANTE.
Au moins nous direz vous l'estat de vostre Roy.
ORONTE.
Vous le comblez icy de tant de bons offices,

Qu'il y met sa prison au rang de ses delices.
Et loing de vouloir mal à celuy qui l'a pris,
Il pense luy deuoir vn legitime prix.

TIMANTE.

Il est prest d'en auoir vn salaire assez ample.

ORONTE.

Peut-on donner assez aux vertus sans exemple?
Mais que luy donne-on?

TIMANTE.

Celanire est son prix.

ORONTE.

Celanire?

CREON.

Elle mesme.

ORONTE.

Ha! vous m'auez surpris:
Et ie n'eusse pas crû qu'en l'estat où nous sommes
Ce que merite vn Dieu l'on le donnast aux hõmes,
Mais chacun y consent.

TIMANTE

I'en doute iustement,
Et pour moy i'en craindrois vn triste euenement.

D ij

ORONTE.

Mais ie ſçay que le peuple eſtime ſon courage ;
Et la faueur du peuple eſt vn grand aduantage.

TIMANTE.

Bien ſouuent pour eſgaux l'on en a bien receus,
Que l'on deteſteroit s'ils tenoient le deſſus.
Pour viure ſans reuolte, vn peuple qui murmure,
Veut des Rois de naiſſance, & non pas d'auãture.
Tant que le char du iour fut conduit du Soleil,
Il remplit l'vniuers d'vn luſtre nompareil.
De ce char lumineux les cheuaux ſans audace
Ne quitterent iamais leur route ny leur trace :
Mais lors qu'vn Phaëton les tint deſſous ſa main,
Deuenus orgueilleux ils rompirent leur frein.
Dans le monde troublé leurs flames s'eſpandirent,
Et perdant le cocher, eux-meſmes ſe perdirent.
Le peuple en eſt de meſme, il s'eſmeut ayſément,
Lors qu'vn Maiſtre incognu prend ſon gouuerne-
        ment :
Mais ſans peine & ſans force il adore des Mai-
        ſtres,
Dont il a reſpecté les Illuſtres Anceſtres.

ORONTE.

Ce discours me promet de bons euenemens :
Et ie doy profiter de leurs ressentimens.
Il le faut confesser, vn hymen de la sorte
A beaucoup de mal-heurs pourroit ouurir la porte.
Ce qui peut dans l'Estat faire des mécontens,
Peut renuerser aussi les thrônes plus constans :
Mais comme il est certain qu'vne paix bien-heu-
   reuse
Finiroit de nos maux la course rigoureuse.
Ie sôgeois l'autre nuict qu'apres beaucoup de vœux,
Celanire & mon Prince estouffoient de grands
   feux :
Et ie crûs en sortant d'vn si plaisant mensonge,
Qu'ils pouuoiët en effet ce qu'ils faisoiët en songe :
Mais depuis.

TIMANTE.

Quoy depuis ?

ORONTE.

Il n'y faut plus songer.

CREON.

L'auis n'est pas de ceux que l'on doit negliger.

ORONTE.

Croyez-vous aux erreurs où le sõme nous plonge?
Celanire est promise, & ce songe est vn songe.

TIMANTE.

Quelquesfois le sommeil ne nous ferme les yeux
Que pour nous auertir des volontez des Dieux.

ORONTE.

Il est vray quelquesfois.

CREON.

    Il le peut estre encore.

TIMANTE.

Mais que dit vostre Roy de ce songe?

ORONTE.

      Il l'ignore.

TIMANTE.

Y voudroit-il penser?

ORONTE.

    Celanire & la Paix,
Pour donner de l'amour ne manquent point d'at-

TIMANTE.   [traits.

Oronte, croyez-nous que s'il y veut entendre,
Nous ferons plus pour luy qu'il ne sçauroit pretendre.

ORONTE.

Si vous estes pour luy, ie veux tout esperer.

TIMANTE.

De ce que nous pouuons, vous pouuez l'asseurer.

ACTE III.

SCENE PREMIERE.

BELISE seule.

QVe m'aydera la paix qu'espere cette terre,
Si des troubles nouueaux me gesnent chaque
iour?
Que me sert d'euiter les flames de la guerre
Si ie meurs dans celles d'Amour?

Il est vray que le Ciel a chassé les tempestes,
Dõt nos peuples troublez redoutoient la rigueur,
Mais s'il chasse les maux qui pendoient sur nos te
C'est pour les cacher dans mon cœur.   [stes,

D iiij

Ie suis dedans les fers, ie suis dedans la flame,
L'vn & l'autre à son tour tasche de m'estouffer,
Et i'ignore auiourd'huy si ie porte dans l'ame
Vn Amour, ou bien vn Enfer.

I'y porte des Enfers puisque ma plainte est vaine,
Et qu'vn mal infiny me presse incessamment,
Mais i'y porte l'Amour puisque i'ayme ma peine,
Et que ie cheris mon tourment.

Celiante captif me vainquit par ses charmes,
Il combattit mon cœur, & mon cœur fut son prix,
Et ce triomphe heureux qu'il n'eust pas sur nos ar-
Il l'obtint dessus mes esprits.   [mes,

Mais dedans ce triõphe où i'ay si peu de gloire,
Ie ne rencontre rien qui me blesse en effet,
Sinon que Celiante ignore sa victoire,
Et ne sçait pas ce qu'il a fait.

Douce gesne des cœurs, petit Demon de flame,
Amour tousiours puissant, & tousiours glorieux,
Comme ton feu diuin brusle dedans mon ame,
Fay qu'il reluise dans mes yeux.

Mais en vain de l'Amour i'implore cette grace,
Il tient tousiours du sexe où s'adressent ses coups,

Dedans l'esprit d'vn hôme, il monstre de l'audace
Et se rend honteux dedans nous.

   Ainsi d'vn trait mortel, mon ame est trauersee;
Mais quelqu'vn interromp cette triste pensee.

ACTE III.

SCENE DEVXIESME.

BELISE. CELANIRE.

BELISE.

HA! ma sœur qu'auez-vous? Cette pasle cou-
    leur
Est le triste tesmoing d'vne viue douleur.

CELANIRE,

Cleomedon reuient.

BELISE.

       Est-ce vn sujet de larmes?
Quelque triste accident a-il suiuy ses armes?

CELANIRE.

Il reuient pour se voir mesprisé desormais,
Et pour trouuer la guerre, où son bras mit la paix.

BELISE.

Que dites-vous, ma Sœur? vous m'auez estonnee.

CELANIRE.

Tu sçais qu'à son départ ma foy lui fut donnee.
Il me fut commandé d'en faire mon Amant,
Et mon amour nasquit de ce commandemant.
Cependant auiourd'huy le Roy moins equitable
Donne à d'autres le prix dont il le crût capable.

BELISE.

Cleomedon sçait-il la volonté du Roy?

CELANIRE.

On le mande, ma Sœur, mais sans dire pourquoy,
Et sans doute de peur que sur cette nouuelle
Vn genereux despit ne le rende rebelle,
Et que pour se vanger ayant la force en main
Il n'excite l'orage où le temps est serain:
Ainsi le Roy le traite, & me rend criminelle,
Puisque les passions me rendent infidelle.

BELISE.

Il est pere, ma Sœur, il est Roy dessus nous,
Et ces deux qualitez sont excuses pour vous.

CELANIRE.

Il est pere, il est vray; mais helas comme pere
Me doit-il obliger d'embrasser la misere?
Et s'il est Roy, ma Sœur, les paroles des Rois
Sont-elles pas pour eux d'inuiolables loix?

BELISE.

Mais apres tout, ma Sœur, peut on trouuer estrage
Que le vouloir du Roy vous porte à quelque chāge?
Celuy que vous plaignez est-il de vostre sang?
Pourriez-vous sans rougir le voir en vostre rang?
Pourriez vous sans horreur apres tant de miseres
Partager auec lui le throsne de vos peres?
Considerez de prés ce que vous pretendez,
Vous y gaignez beaucoup lors que vous le perdez.
Que sçait-on quel il est? sa naissance est secrette,
Et peut-estre son pere a porté la houlette.

CELANIRE.

Soit que ce fust mon bien, soit que ce fust mon mal,
La volonté du Roy me le rendoit esgal.

Il eſt vray que le Sort nous cacha ſa naiſſance,
Et qu'il en cache encor l'heüreuſe cognoiſſance:
Mais ſi par la vertu l'on paraiſt fils des Dieux,
Cleomedon ſans doute eſt deſcendu des Cieux.

BELISE.

Mais que ie ſçache enfin celuy qu'on vous deſtine?

CELANIRE.

L'auteur de nos ennuis & de noſtre ruyne,
Le cruel Ciliante.

BELISE.

          Hé Dieux! que dites-vous?
Que mon cœur en ſecret reçoit de rudes coups!

CELANIRE.

Iuge ainſi des douleurs où ie ſuis deſtinee.

BELISE.

Vous pourriez vous reſoudre à ce lâche hyme-
     nee?
Pourriez-vous conſeruer vn courage ſi franc,
Et donner voſtre cœur à qui veut voſtre ſang?

CELANIRE.

Quoy que ie conſidere, & qu'on me puiſſe dire,
Ie le pourray, ma ſœur, ſi le Roy le deſire.

BELISE.

Vous le pourrez, ma Sœur.

CELANIRE.

Suiure sa volonté,
C'est tout ce que ie puis en cette extremité.

BELISE.

O Dieux! qui l'exposez à cette Tyrannie,
Quelle crime a-elle fait pour estre ainsi punie?
Quoy vous obeyrez, aueugle à vostre bien.

CELANIRE.

Vn cœur obeyssant ne considere rien. [tire,]
I'auray d'assez grãds biens mesme dans mon mar-
Si d'vn si triste accord vient la paix de l'Empire,
Et ie croiray mon Sort d'autant moins rigoureux,
Si par mes déplaisirs vn grand peuple est heureux.

BELISE.

Que vous proffitera qu'à l'abry du tonnerre,
Vn peuple viue en paix si vous viuez en guerre?
Ce nombre de subiects dessus qui nous viuons,
Ne doit auoir la paix qu'entant que nous l'auons;
Et si quelque repos s'estend sur les Prouinces,
Ce doit estre vn effet de celuy qu'ont les Princes.

Voir par ses déplaisirs les autres bien-heureux
Lasse en fort peu de temps les cœurs plus genereux.

CELANIRE.

Il n'importe, ma Sœur.

BELISE.

             Ouurez les yeux de l'ame,
Et si ce mal est peu, craignez au moins le blasme,
Apprehendez au moins qu'vn infame renom
Sçache honteusement l'honneur de vostre nom.
N'est ce pas ce Tyran dont l'ardante colere
Le rendit alteré du sang de vostre pere?
Cependant vos faueurs, plustost que vos mespris,
De l'assasin d'vn pere auront esté le prix?
Vous ne pouuez l'aymer sans estre criminelle,
La Nature deffend vne amour si cruelle.
Quoy qu'vn pere commande, & monstre ce qu'il
    peut,
On doit des-obeïr quand Nature le veut.
Suiuez, suiuez ses loix, elles sont honnorables,
Et si le Ciel les fit, elles sont equitables.
Faites enfin paraistre vn courage indompté,
Où trop d'obeyssance est vne impieté;

Et pour vous deliurer d'vne honte eternelle,
Ne feignez point, ma Sœur, d'eſtre vne fois rebelle.
Que n'ay-ie voſtre Sort? que n'ay-ie vos ennuis?
C'eſt icy que ce cœur feroit voir qui ie ſuis.
Mais ie veux que ce Roy ſoit dedãs voſtre eſtime,
Et qu'Amour en ait fait voſtre eſpoux legitime;
Croyez-vous que le peuple encore plein d'effroy,
L'ayant eu pour bourreau le reçoiue pour Roy?
Qu'il puiſſe voir le Sceptre en des mains deteſtees,
Et de ſon propre ſang encor enſanglantees?
Penſerez-vous enfin qu'vn Royaume irité
Reſpecte le pouuoir qui l'a perſecuté?   [ge,
Dequoy qu'on flatte vn peuple à qui l'on fit outra-
Rarement les bien-faits lui changent le courage.
Aymez Cleomedon bien pluſtoſt que ce Roy,
Gardez-luy voſtre cœur, gardez-luy voſtre foy,
Fuſt-il d'vn ſang plus bas qu'on n'eſleue le noſtre,
Sa baſſeſſe vaut mieux que la grandeur de l'autre.
Pour moy qui n'ayme riẽ que ma ſœur & l'Eſtat,
Qui croirois autrement commettre vn attentat,
Ie croirois conſentir meſme à voſtre martyre,
Si du moins mon diſcours: Mais elle ſe retire,

Et laisse dans mon cœur trop viuement atteint
Beaucoup plus de tourment que ie n'en ay dépeint.
Que mon Sort est estrange & bien peu desirable,
Ie veux rendre odieux tout ce qui m'est aymable,
Et croirois auoir fait vn coup plus glorieux
Si ie pouuois le rendre à moy-mesme odieux.
Mais en vain contre luy i'vse de ce langage,
Plus ie veux en parler, moins mon mal se soulage,
Et pour me chastier des discours que ie tiens,
Il semble que l'Amour renforce mes liens.
Ie vóy mes maux presens, ie descouure mes gesnes,
Ie resiste souuent, & veux rompre mes chaisnés:
Mais, helas! en ce point mes vœux sont superflus,
A peine ay-ie voulu que ie ne le veux plus.
Ie cognoy cependant que mes plaintes sont vaines,
Et que le desespoir couronnera mes peines;
Que pourroit esperer ce cœur infortuné,
S'il court apres vn bien qu'on a des-ià donné?

ACTE

ACTE III.
SCENE TROISIESME.

CLEOMEDON.   CELANIRE.

CLEOMEDON.

Par quel iniuste effet de fureur ou d'enuie,
Trouueray-ie la Mort où i'attendois la vie?
Apres tant de perils à ma constance offerts, [fers.
I'ay crû monter aux Cieux, & ie tombe aux En-
Est-il donc arresté par vos loix inhumaines,
Qu'vn autre aura mon prix, & que i'auray ses
    peines?
Quelle iustice ordonne vn si lasche attentat?

CELANIRE.
Il n'en faut point chercher dans les raisons d'Estat.

CLEOMEDON.
Ie viens de voir le Roy, dont l'accueil fauorable
Me peut faire douter d'vn sort si déplorable.

CELANIRE.

Ne vous a il rien dit?

CLEOMEDON.

Rien, sinon que ce soir
Pour vn point important i'allasse le reuoir.

CELANIRE.

Helas!

CLEOMEDON.

Que dites-vous?

CELANIRE.

Helas! il faut me taire,
Et dire seulement, c'est mon Roy, c'est mon Pere.

CLEOMEDON.

Qu'auez-vous resolu?

CELANIRE.

Ie ne te puis hayr;
Ie t'ayme, ie te plains, mais ie dois obeyr.

CLEOMEDON.

Donc on m'aura donné l'esperance si belle,
Pour rendre en me l'ostant ma peine plus cruelle:
Si i'auois de l'Estat choqué le fondement,
Me pourroit-on punir d'vn plus rude tourment?

CELANIRE.

Faits à tes déplaisirs vn peu de resistance,
Pour mon soulagement faits voir de la constance:
Et vainquant la douleur qui te va surmonter,
Monstre à tes ennemis que tu sçais tout dompter.

CLEOMEDON.

Ha! Madame, pour vous rien ne m'est impossible,
Ie puis vaincre pour vous ce qui fut inuincible;
D'vn throsne tresbuchant ie puis porter le faix,
Aux Empires troublez ie puis rendre la paix:
Bref par tout où le Ciel enuironne la terre,
Ie puis pour vous esteindré ou r'allumer la guerre:
Mais vaincre mon amour, estouffer mes ennuis,
Et viure enfin sans vous, c'est ce que ie ne puis.
I'ay nourry sans espoir vne amour legitime,
Tant que mon esperance eust passé pour vn crime;
Mais depuis que le Roy me permit cét espoir,
Ie ne sçaurois sans luy, ny viure, ny vous voir.

CELANIRE.

Ie sçay que vostre plainte a beaucoup de iustice,
Mais il est iuste aussi qu'vne fille obeïsse.

Et i'ayme mieux enfin que ce cœur soit blasmé
D'auoir trop obey, que d'auoir trop aymé.

CLEOMEDON.

Hé bien: obeyssez; i'estois vn temeraire
Quand ie vous contemplois ainsi que mon salaire.
Et vostre obeyssance est la punition
Que le Ciel preparoit à mon ambition.
Vous auez triomphé de mon ame asseruie,
Tenez voila dequoy, triomphez de ma vie,
Punissez iustement ce cœur audacieux,
D'auoir crû que la Terre estoit digne des Cieux.
Ou si vous pardonnez vne si belle offence
Donnez-moy le trespas pour vne recompence,
Ie receuray la Mort qui me viendra de vous,
Non comme vn chastiment, mais comme vn prix
    bien doux.
Acheuez auiourd'huy les iours d'vn miserable,
La mort qui nous soulage est tousiours desirable,
Pour le prix des trauaux qu'on me vid endurer
Ie ne veux que le mal dont i'ay sçeu vous tirer.
Faites donc de ma mort, mon prix ou mon supplice,
Et si l'œil m'a blessé, que la main me guerisse.

CELANIRE.

Adieu: va voir le Roy; voicy la fin du iour,
Monstre lui du respect, & cache mon amour.
Resiste prudemment à ce malheur extréme,
Et lors que tu me perds ne te perds pas toy-mesme.

CLEOMEDON seul.

Tout le soulagement que i'espere en mes fers,
C'est de pouuoir me perdre alors que ie vous perds.
Hà! Princesse arrestez, non pour vouloir m'entendre,
Mais pour brusler ce cœur iusqu'à le mettre en cendre;
Et puisque pour iamais ie vous perds en aymant,
Soyez encore à moy pour le moins vn moment.
Mais ie demande en vain cette grace legere,
On me refuse tout si ce n'est la misere:
Ie n'ay chassé les maux de cét Estat troublé
Que pour en voir mon cœur incessamment comblé.
Mon sort en tout estrâge est doux à tout le môde,
Et pour moy seulement en malheurs il abonde.
Ie me suis preparé les maux dont ie me plains,
I'ay mis dedans mon bien l'ennemy que ie crains.

E i

J'ay fait vn Roy captif, i'en attends de la gloire,
Il iouyt cependant du prix de ma victoire,
Et par l'iniuste effet d'vne ingrate rigueur,
La gloire est au vaincu, la honte est au vain-
 queur.
Ha! ma douleur se rend si viue & si certaine,
Que s'il est vn Enfer on y souffre ma peine.

ACTE III.

SCENE QVATRIESME.

POLICANDRE. TIMANTE.

POLICANDRE.

A La fin vos conseils l'emportent dessus moy,
Ie cede à vos raisons, & m'en faits vne loy,
Par cét heureux hymen deux couronnes vnies,
De nos mauuais destins vaincront les tyrannies.
Par lui dans nos Estats on verra desormais
Renaistre heureusement l'abondance & la paix.

Bien qu'à Cleomedon ma promesse m'engage,
Bien qu'il en ait receu ma parole pour gage,
Ie sçay bien neantmoins que ses affections
Se regleront toûsiours par mes intentions:
Qu'il a bien plus d'amour pour le bien de l'Em-
    pire,
Qu'il n'en a pas receu des yeux de Celanire;
Et que pour voir l'Estat d'inquietude franc,
Auecques Celanire il donneroit son sang.

TIMANTE.

Vn cœur vrayment guerrier ne veut rien que la
    gloire,
Que l'on peut recueillir d'vne illustre victoire.
L'honneur est le seul bien qui le peut rendre heu-
    reux,
Et s'il demande plus il n'est pas genereux.
Si de Cleomedon vous prisez le courage,
Sire, ne croyez pas qu'il veüille dauantage.
Mais le voicy qui vient.

ACTE III.
SCENE CINQVIESME.

POLICANDRE. CLEOMEDON. TIMANTE,

POLICANDRE.

IL est temps desormais
De te communiquer le dessein de la paix.
La guerre a trop fait voir de maux & de car-
    nages,
Il est temps que la paix dissipe tant d'orages.
Sans elle vn Sceptre d'or, est vn Sceptre de fer,
Sans elle vn grand Royaume est au monde vn
    enfer:
Bref l'Estat est vn corps d'vne grandeur enorme,
A qui la seule paix donne vne belle forme.
Or sans attendre vn iour que le victorieux
Nous en fasse à son gré des traitez odieux,

Sçachant que nos fuiets l'ont toufiours fouhaitee,
Pour le commun repos nous l'auons arreftee;
D'autant plus librement que pour noftre intereft,
Nous lui pouuös donner telle loy qu'il nous plaift,

CLEOMEDON.

Il eft vray qu'vn grand Roy doit calmer les tem-
   peftes,
Et borner par la paix le cours de fes conqueftes.
Alors qu'elle fe donne on la doit accepter,
Et qui ne la prend pas ne la peut meriter.
Mais bien que par fa force vn peuple reffufcite,
Il ne faut pas pourtant que l'on la precipite.
Il faut pour l'affeurer vn ferme fondement,
Et qui fe hafte trop le trouue rarement;
Alors que fa naiffance eft trop precipitee,
D'abord elle eft plaifante, à la fin deteftee,
Comparable aux fruits verts que l'œil a fouhaitez,
Et qu'on iette auffi-toft que l'on les a gouftez.
Sire, dedans l'Eftat où le Ciel vous affeure,
La paix dont vous parlez eft de cette nature.
Pour la precipiter, qu'aura-elle de doux?
Ne courrez point apres puis qu'elle vient à vous,

Et que dans peu de temps vne entiere victoire

Vous l'à doit emmener auecques plus de gloire.

Nos plus forts ennemis confus & diuisez

Entrent dans les tombeaux qu'ils nous auoient
    creusez.

Vostre soing glorieux sçeut si bien les destruire

Qu'il ne leur reste pas la volonté de nuire.

Ils endurent les maux que vous auez soufferts,

Ils sont dans vos prisons, ou dedans les enfers,

Ou s'il en reste encore, ils viuent dans les larmes,

Ils sont mieux le rebut que le but de nos armes.

Deuant que de nous voir ils ressentent nos coups,

Et la peur qui les tuë en triomphe auec nous.

Qui pourra donc iuger vne paix necessaire,

Qui se fait moins pour nous, que pour nostre auer-
              TIMANTE.   [saire?

Vos exploits genereux sont de iustes tesmoings,

Que le bien de l'Empire est le but de vos soings.

Il est vray que le Ciel vous prodigue la gloire,

Et que chaque dessein vous est vne victoire:

Mais tandis que partout vostre nom sans pareil,

Fait craindre autant de Rois qu'en peut voir le So-
    leil:

Tandis que l'ennemy trouue ses funerailles,
Où vous trouuez la gloire, & le gain des batail-
Le peuple ruyné languit sous les imposts,   [les;
Qui nourrissent sa peine, & troublent son repos:
Et vous ne sçauez pas ce qu'endure vn bon Prince,
Et combien il pâtit des maux de sa Prouince.
Le moyen qu'espuisé des thresors anciens
Il fournisse à la guerre & soulage les siens.
Peut-il entretenir vne si longue guerre,
Si des tributs nouueaux ne foulent cette terre?
Et sans faire tomber ses peuples au tombeau,
Les pourra-il charger d'vn subside nouueau?
Que sert qu'il gaigne ailleurs vn Sceptre & de l'e-
S'il void perir chez soy sõ peuple legitime? [stime,
Ce n'est pas profiter, ny se conduire en Roy,
Que de gaigner ailleurs, & de perdre chez soy.
Ces raisons ont touché nostre iuste Monarque,
La paix qu'il a concluë en doit estre la marque,
Son peuple la demande, il l'a donne à ses pleurs,
Et veut qu'elle succede à ces longues douleurs.
Mais parce qu'õ fait peu pour vn Sceptre adorable,
Si comme on fait la paix on ne l'a rend durable,

Sa Maiesté choisit les plus heureux liens
Qui puissent desormais l'arrester chez les siens.
Ainsi pour nous la rendre, & parfaite & con
    stante
Il donne Celanire au Prince Celiante.

CLEOMEDON.

Ha! Sire, souffrez-vous qu'on couure vn attenta
Soubs ce nom specieux de maxime d'Estat?
Qu'vn traistre vous conseille vne paix plus cruelle
Que les longues rigueurs d'vne guerre eternelle,
Et que pour vous priuer de vostre liberté
On se serue auiourd huy de vostre authorité?
Grand Prince, pardonnez à l'ardeur de mon zele,
Ie serois moins hardy, si i'estois moins fidelle.
On vous creuse vn abysme, & vous vous y iettez
On vend vostre Couronne, & vous y consentez
Sire, que faites-vous en donnant Celanire?
N'abandonnez-vous pas, Sceptre, Couronne, Em
    pire?
L'ennemy n'aspira qu'à ces biens pretieux,
Qu'à vous chasser du throsne où regnoient vos
    ayeux,

Et pour mieux l'esleuer en ce degré supresme
Vos propres volötez vous en chassent vous mesme.
l voulut voftre Sceptre, & vous l'abandonnez,
l voulut voftre perte & vous vous ruynez,
Vous le mettez au but où l'on le vid pretendre,
Vous donnez au voleur le bien qu'il ne pût prêdre,
t lors qu'il eft trop foible, & qu'il eft fans vi-
    gueur, .   [cœur.
Vous lui preftez vos mains pour vous percer le

POLICANDRE.

Quoy qu'on veuille oppofer au cours de cét affaire,
Sert à la ruyper bien moins qu'à me déplaire;
Ie ne t'ay pas mandé pour fuiure tes auis:
Mais pour te faire part de ceux que i'ay fuiuis.
Si ce confeil eft lafche, & trahit ma Couronne,
Tu peux cognoiftre en moy le traiftre qui le donne.
Mais bien que cette paix occupe mes efprits,
Il me fouuient encor de te deuoir vn prix:
De tes hautes Vertus ma memoire rauie,
Me prefente par tout vn tableau de ta vie;
Enfin pour m'aquitter des biens que ie te doy,
Sçache, Cleomedon, que ma fille eft à toy,

CLEOMEDON.

Ha! Sire, vn si beau prix surpasse mes seruices,
Vous me comblez d'honneur autant que de delices;
Et monstrez par le bien dont vous me faites part,
Qu'il vaut mieux vo⁹ seruir que regner autre-part.
Mais bien qu'à mõ malheur on vienne icy de dire,
Que pour auoir la paix vous donnez Celanire,
Ie veux croire pourtant que i'ay mal entendu,
Puisque par vous enfin mon espoir m'est rendu.

POLICANDRE.

Ie puis suiure aysémẽt l'vne & l'autre entreprise,
L'vn aura Celanire, & vous aurez Belise.

CLEOMEDON.

Ha! Sire, ce n'est pas ce que l'on m'a promis,
Si ie demande trop, vous me l'auez permis;
Et si d'vn temeraire on m'impute le crime,
Vostre promesse en est l'excuse legitime.

POLICANDRE.

N'oppose point d'obstacle à mes intentions,
Que ie donne pour regle à tes pretentions.

CLEOMEDON.

Donc pour recompenser tant d'illustres seruices,

Vous me prefererez l'autheur de vos supplices.
Il ne vous souuient plus qu'il fut vostre bourreau,
Qu'il fut de cét Estat le tragique flambeau,
Et que de tous costez mille horreurs manifestes
Sont de ses passions les reliques funestes.
Là des tõbeaux affreux touchẽt les yeux troublez,
Icy des ossemens, pesle-mesle assemblez.
Là parmy le debris des Palais plus superbes,
L'on void auec effroy de la cendre & des herbes:
Bref de tant d'ornemens l'Empire est dépourueu,
Qu'on croid auoir songé ce que l'on en a veu.
C'est de lui toutesfois d'où ce mal prit naissance,
C'est vn cruel effet de sa seule puissance;
C'est luy qui vous perdit, & c'est luy desormais
Que vous recõpensez des maux qu'il vous a faits.
N'apprehende-t'on point que cette terre s'ouure,
Qu'elle redonne au iour tant de morts qu'elle cou-
    ure,
Et que leur noble sang qui fut versé pour nous,
Iustement r'animé s'esleue contre vous?
Ie pense desià voir leur troupe infortunee,
Qui vous vient reprocher ce cruel hymenee,

Et que par le deſſein de cét iniuſte accord
Elle ſouffre aux Enfers vne ſeconde mort.

POLICANDRE.

N'eſleuez pas plus haut ce ſuperbe langage,
Qui vous nuit auiourd'huy tout autant qu'il m'ou-
    trage,
Vous l'oppoſez en vain au deſſein que i'ay fait,
Ce que i'ay reſolu doit auoir ſon effet;
Ie vous donne Beliſe, & le bien de l'Empire
Veut qu'enfin Celiante obtienne Celanire.
Adieu, ſoyez content, ne vous plaignez de rien,
Puis qu'eſtant offencé ie vous traite ſi bien.
Peut-eſtre qu'en ce point on me croira peu ſage,
De donner vn ſalaire à qui me fait outrage.

CLEOMEDON.

Bien que l'heureux ſuccez qui ſuiuit mes com-
    bats,
Vous eſleue plus haut que vous ne fuſtes bas,
Que malgré la fortune à vos vœux endormie,
Ie captiue en vos fers la puiſſance ennemie,
Ie confeſſe pourtant que ma fidelité
Eſt au deſſous du prix que l'on m'a preſenté,

Et

Et de peur que l'Estat vous estime peu sage
De donner vn salaire à qui vous fait outrage,
Comme indigné de biens & de prosperitez,
Ie refuse l'honneur que vous me presentez.
Soit que ie viue encor, soit enfin que ie meure,
Si ie vous ay seruy la gloire m'en demeure:
Et pour le prix qu'on doit au secours de ce bras,
Ie me veux contenter d'auoir fait des ingrats.
    ay d'assez grands biens, tant que i'auray l'espee,
    ui remit dessus vous la Couronne vsurpee.
Si ie veux des Estats où le monde en aura,
Vous en ayant sceu rendre elle m'en donnera.
Acheuez cét hymen pour le bien de l'Empire,
Au repos du Pays consacrez Celanire:
Mais ie veux biē qu'ō sçache apres tāt de rigueur,
Qu'on ne l'aura iamais tant que i'auray ce cœur,
Et que pour obtenir cette illustre conqueste,
Il faut qu'en mariage on luy donne ma teste.

POLICANDRE.
Osez-vous insolent, indigne de mon soing,
'vn semblable discours me rendre le tesmoing?

A mes iuſtes fureurs deſrobe ta preſence.
Te laiſſer impuni c'eſt vne recompence:
Et pour vaincre l'orgueil, où ie te voy monté,
Eſclaue, ſouuiens-toy que ie t'ay rachepté.

ACTE IV.

SCENE PREMIERE.

CELIANTE. CELANIRE. BELISE.

CELIANTE.

QVãd ie le voy reduict à ce point de diſgrace,
Ie plains ſon infortune, & blaſme ſon
audace.
Ie l'ayme toutesfois, bien que victorieux,
Puis qu'il eſt cauſe enfin que i'adore vos yeux.
CELANIRE.
Quiconque eſt animé d'vne ame genereuſe,
Sçaura plaindre par tout la vertu mal-heureuſe.

CELIANTE.

Ie ne sçay si l'amour, ou bien l'ambition
Lui firent souhaiter vostre possession.

CELANIRE.

Ie n'en sçay rien aussi.

CELIANTE.

Mais sa raison perduë
Est à l'vn comme à l'autre vne peine bien deuë.

CELANIRE.

Que dites-vous, Monsieur?

CELIANTE.

N'auez-vous pas appris
Qu'Amour ou sa disgrace a troublé ses esprits?
Et que par les effets de sa melancolie
A son ambition succede la folie?

CELANIRE.

Helas!

CELIANTE.

Cleomedon deuenu furieux
Choque indifferemment les hommes & les Dieux.
Mais comme on ne void rien qui ne cede à vos
charmes,

Voſtre nom ſeulement luy fait quitter les armes,
Lors qu'on veut r'appeller ſes eſprits eſgarez,
On n'a qu'à luy crier que vous l'en blaſmerez;
Quelquesfois tout d'vn coup ſa longue reſuerie
Excite ſa colere & ſe change en furie,
Et tout d'vn coup auſsi qu'on luy parle de vous,
Il deuient plus tranquille & ſe monſtre plus doux.

CELANIRE.

Laiſſons ce malheureux.

CELIANTE.

    N'en parlons plus, ma Reyne:
Mais parlons d'vn captif qui n'ayme que ſa
 chayne.

BELISE à l'eſcart.

Adorable Captif, que l'Amour fait mon Roy,
Puiſ-ie t'ouyr parler que ce ne ſoit à moy?

CELIANTE.

Que le Ciel m'eſtoit doux lors qu'il ſembloit me
 nuire!
Il eſleuoit mon Sort & ſembloit le deſtruire:
Loin d'offrir des plaiſirs, & de donner des pleurs,
Il me monſtra l'eſpine, & me donne les fleurs.

S'il ne m'eust pas rendu la fortune auersaire,
Ie trouue en vous voyant qu'il m'eust esté côtraire.
Il falloit qu'vne fois il me fust rigoureux,
Pour rendre mon destin parfaitement heureux.
I'entre par les prisons au seiour des delices,
Mes biens ont commencé par mes propres sup-
    plices,
Et i'esprouue auiourd'huy que la captiuité
Ne me fut qu'vn chemin à la felicité.
Que de Princes puissans souhaiteroient les chay-
    nes,
Si le mesme bon-heur deuoit finir leurs peynes!
Et qu'on verroit bien tost, affin de vous gaigner,
Autant de Rois captifs que l'on en void regner!
Icy de tant de biens ma fortune est suiuie,
Que ie pardonne à ceux qui me portent enuie;
Et ie fay plus d'estat d'vn rayon de vos yeux,
Que le Sceptre ne plaist aux cœurs ambitieux.
Que ma captiuité dure autant que moy-mesme,
Il ne m'importe pas si Celanire m'ayme.
Que ie sois dépoüillé du haut titre de Roy,
Il ne m'importe pas si vous estes à moy.

CELANIRE.

Le Ciel en mesme temps vous est deux fois con-
 traire,
Vous faisant mon captif, & celuy de mon pere:
Mais il vous est plus rude en ce point seulement,
Qu'il vous fait trop aimer vn objet peu charmant.

CELIANTE.

Ne faites point d'iniure à de si hauts merites,
On croid ce qu'on en void, nõ ce que vous en dites,
Et ma captiuité m'apprend bien que les Dieux
Captiuent cõme moy ceux qu'ils ayment le mieux.

CELANIRE.

Gardez que vos discours ne me rendent trop
 vaine,
Et que ma vanité ne vous soit vne peine.
A la fin ie croiray que ie suis sans deffaut,
Et qu'vn captif a tort de pretendre si haut.

CELIANTE.

Il est vray que i'ay tort, & i'ose vous le dire,
Mais qui peut iustement esperer Celanire?
Entre nous neantmoins est cette esgalité,
Que ie suis en amour ce qu'elle est en beauté.

Enfin ie vous adore, enfin belle Princeſſe,
Ie ne cognoy que vous de Reine & de Deeſſe,
Et ie ſouhaiterois d'eſtre au nombre des Dieux,
A deſſein ſeulement de vous meriter mieux.
Mais lors que ie vous dis, ie bruſle, ie vous ayme,
Pour me mettre en leur rang, reſpondez-moy de
meſme.

BELISE à l'eſcart.

S'il pouuoit m'adreſſer vn diſcours ſi charmant,
Que ce cœur amoureux reſpondroit librement!

CELIANTE.

Dites qu'en me donnant vne ſi belle flame,
Il en eſt pour mon bien demeuré dans voſtre ame.

CELANIRE.

Que ie diſe que i'ayme, ha! Monſieur nullement,
Lors que i'en croy rougir ie parle rarement.
Et ie ne penſe pas qu'vne fille modeſte
Le puiſſe auec honneur dire meſme du geſte.

BELISE à l'eſcart.

S'il eſtoit mon captif, comme il eſt mon vainqueur,
Que ce foible reſpect toucheroit peu mon cœur!

F iiij

CELIANTE.

Belise, approuuez-vous cette iniuste maxime?
S'il est permis d'aymer, nous le dire est-ce vn crime?

BELISE.

Il est vray que sans crime on peut nourrir l'A-
mour,
Et mettre sans pecher ce bel enfant au iour:
On le peut, on le veut: toutesfois on ne l'ose,
La honte seulement tient nostre bouche close;
Pour moy ie le dirois, vous sçauriez mon ardeur,
Si ie pouuois dompter cette vaine pudeur.

CELIANTE à Celanire.

Faites-moy dõc sçauoir ce qu'il faut que ie sçache,
Que nous sert d'estre aymez alors qu'on nous le
cache?
L'Amour est dans les cœurs vn thresor attaché
Qui ne proffite point durant qu'il est caché.

CELANIRE.

Si vous estes Amant, ie suis opiniastre,
Ie ne vous diray point que ie vous idolastre:
Mais si dãs mes froideurs i'ay nourry de l'amour,
Esperez pour tout bien de le sçauoir vn iour.

CELIANTE.

Bien que voſtre rigueur choque vn peu ma côſtance,
Ie ne ſuis pas ſans bien ayant cette eſperance:
Mais i'ay troublé ſans doute vn entretien ſi doux,
Qu'auant que de me voir vous receuiez de vous.
Adieu, ma Reyne, adieu, parlez pour moy Beliſe,
Faites lui reſſentir le beau feu qu'elle attiſe:
Et monſtrez-luy qu'hymen eſt ſi proche de nous,
Qu'elle peut dire enfin qu'elle ayme ſon eſpoux.
Ne voulant pas répondre à mon amour extréme,
Mon ame pour le moins ſongez à qui vous ayme.

CELANIRE.

I'y penſe plus ſouuent que vous ne croyez pas.

CELIANTE.

Que ce nouueau diſcours m'eſt vn puiſſant appas!
Et que i'ay de mes vœux vne ample recempenſe,
En ce point ſeulement que Celanire y penſe.

BELISE.

Qu'en dites-vous, ma Sœur?

CELANIRE.

Qu'il eſt touſiours celuy
Qui cauſa nos malheurs, & qui fit mon ennuy.

Qu'il m'ayme, qu'il souspire, & qu'il verse des lar-
Son amitié me plaist côme firent ses armes.   [mes,
S'il parut odieux à mon cœur affligé,
La qualité d'Amant ne me l'a pas changé,
Ou bien elle change en ce point detestable,
Qu'elle me l'a rendu beaucoup plus redoutable:
Vous parlez cependant pour ce Roy detesté,
Vous voulez qu'il triomphe en sa captiuité,
Qu'il reçoiue le prix où l'on lui doit la peine,
Qu'on lui donne l'Amour,où l'on lui doit la haine.
Et vous voulez enfin par vne iniuste loy,
Que de nostre captif ie fasse nostre Roy.
Mais d'où ce changement a il pris sa naissance?
Et quel charme trôpeur vo⁹ tient sous sa puissâce?
Hier tous vos conseils, & toutes vos raisons
Me peignoient ses amours comme des trahi ns.
Auiourd'huy toutesfois à vos yeux plus aymable,
Il perd à vostre aduis ce qu'il eut de blasmable.
Vous voulez m'obliger par des soings odieux
A dôner aux Demôs ce qui n'est deu qu'aux Dieux.
Lors que ie veux répondre à l'amour qui le touche,
La honte, dites vous, ferme seule ma bouche:

Mais ſçachez que ma hayne aueugle à ſa lãgueur,
Luy ferme toute ſeule & ma bouche & mõ cœur.
Que i'ayme ce cruel! que meſme ie le diſe!
Et qu'enfin ce conſeil me vienne de Beliſe!
Grands iuges de nos maux, ô Dieux qu'ay-ie
    commis,
Pour voir meſme ma Sœur entre més ennemis?

BELISE.

Croyez, ma chere Sœur, qu'à ſa ſeule preſence
I'ay donné malgré moy ce trait de complaiſance:
Et que dedans mon cœur vous verrez ayſément
Que ie n'ay pas deſſein d'en faire voſtre Amant;
Si ie vous conſeillois cette amour mutuelle,
Ce conſeil me rendroit à moy-meſme cruelle,
Et ſi dans ſon amour vous trouuiez des appas,
I'aurois peine, ma Sœur, à ne vous hayr pas.

CELANIRE.

Si i'aymois ce Tyran, i'en ſerois deteſtee,
Et i'aurois iuſtement la haine meritee.

BELISE.

Quoy que de mon diſcours on puiſſe preſumer,
Ie vous ayme, ma Sœur, & ie vous veux aymer,

Et pour vous en donner vne preuue euidente,
Ie demande au Destin le mal qu'il vous presente;
Qu'il me donne du Tyran qu'il captiue chez nous,
Si ie puis vous l'oster, mes maux me seront doux,
Si l'auoir pour espoux, vous est vn mal extréme,
Pour vous en deliurer ie le prendray moy-mesme.

CELANIRE.

Mon repos me seroit vne autre auersité,
Si par tes déplaisirs il m'estoit achepté:
Cesse de souhaiter ce que nous deuons craindre,
C'est à toy d'estre bien, c'est à moy de me plaindre,
Et le Ciel veut qu'vn Sceptre à nos yeux si char-
    mant,
Soit vn fardeau pour moy, plustost qu'vn ornemĕt.

BELISE.

Ie ne puis estre heureuse, où vous aurez des pei-
    nes.
Où vos maux sont certains, mes douleurs sont
    certaines;
Enfin ce que le Ciel vous donne à redouter,
Mon amour seulement me le fait souhaiter.

Mais, helas! quelle Amour?

CELANIRE.

Ie ſçay qu'elle eſt diuine.

BELISE.

Elle eſt autre, ma Sœur, que l'on ne l'imagine:
Mais adieu, ie vous laiſſe. Vn moment de ſeiour
Euſt ſans doute fait voir ma peine & mon
amour.

CELANIRE ſeule.

Ainſi de mon bon-heur la fortune enuieuſe
Me rend cruelle à tous, à moy-meſme ennuyeuſe.
Vne Sœur trop ſenſible a partagé mes maux,
Et la part qu'elle y prend augmente mes trauaux.
Vn Roy iette à mes pieds ſa Couronne abatuë:
Ma hayne le tourmente, & ſon amour me tuë.
Mais ie trouue en ce poinct mon Sort plus rigou-
reux,
Que mon Liberateur eſt le plus malheureux;
Il nous combla de biens, on le comble de geines:
Il nous tira des fers, on le met dans les chaines :
Et pour dire en vn mot ſa peine, & mon ennuy,
Le mal dont il nous priue eſt retombé ſur luy.

Mais bien que la fortune en outrages feconde,
L'expofaft comme infame aux yeux de tout le
  monde,
Et quoy qu'elle dérobe à ce noble vainqueur,
On ne luy peut ofter ny ma foy, ny mon cœur.
Ce font pour luy des biens que garde Celanire,
Et fur qui le deftin n'exerce point d'Empire.
I'iray les luy porter iufque dans les enfers:
Si malgré mon fecours il perit dans fes fers,
Il fçaura qu'en vn temps où l'iniuftice efclate
Le Ciel puft m'affliger, non pas me rendre in-
  grate.
S'il eft d'vn fang plus bas que mon extraction,
Son merite l'efgalle à ma condition.
Si d'vn Sceptre fameux fa fortune n'herite,
Il fuffit, c'eft affez que fon bras le merite.
Meriter la Couronne & fçauoir commander,
Eft autant à mon gré que de la poffeder.
S'il paruft noftre efclaue en fes ieunes annees,
C'eft vn iniufte effet des fieres Deftinees.
Mais s'il a releué cét Empire abatu,
C'eft vn illuftre effet de fa feule vertu.

Enfin quoy que le Ciel en menace ma teste,
Ie suis Cleomedon, ton prix & ta conqueste;
Ny respect, ny deuoir ne peuuent rien sur moy,
L'Amour est mon conseil , & l'Amour est ma
    loy.
Ie dédaigne sans toy le plus superbe Empire,
Cleomedon est seul le bien de Celanire,
Le throsne n'est pour moy sans lui qui l'a sauué,
Qu'aux yeux de tout le monde vn enfer esleué.
Si mon mal est le sien, sa douleur est la mienne,
Il aura ma fortune, ou bien i'auray la sienne.
Ie brusleray pour lui iusqu'à me consommer,
Ou ie sçauray mourir si ie ne sçay l'aymer.
Mais quelqu'vn vient icy.

ACTE IV.

SCENE DEVXIESME.

CELANIRE. TIMANTE.

CELANIRE.

Qve me voulez-vous dire?

TIMANTE.

Ie viens vous annoncer le naufrage d'Argire.

CELANIRE.

Elle est morte!

TIMANTE.

     Elle l'est! La Cour en est en pleurs,
Et d'vn si prompt trespas chacun sent les douleurs.

CELANIRE vn peu bas.

Si i'en pleure auiourd'huy, si ie m'en desespere,
C'est de voir que le fils n'a pas suiuy la Mere.

TIMANTE.

TIMANTE.

Mais pour vous consoler de cette auersité,
C'est assez de sçauoir que le fils est resté.

CELANIRE.

O sensible mal-heur!

TIMANTE.

Il est grand, mais Madame,
Monstrez aux accidens les forces de vostre ame.

CELANIRE.

Mais rendez-moy contente, & dites-moy cõmẽt,
Et depuis quand on sçait ce triste euenement.

TIMANTE.

Venant icy par mer pour vostre mariage,
Pour le dire en vn mot, Argire a fait naufrage,
Tous les vens deschainez sur ses tristes vaisseaux,
Pour elle & pour les siens en ont fait des tom-
beaux.
Mais dedans vn esquif quelques Dames sauuees,
Depuis vne heure ou deux sont au port arriuees.
Elles vous diront tout: elles vous viennent voir.

CELANIRE.

En autre lieu qu'icy ie les veux receuoir.

G

ACTE IV.

SCENE TROISIESME.

BIRENE. CLEOMEDON.

BIRENE.

TEnez-vous au repos qui vous est necessaire,
Et ne vous rendez point à vous mesme contraire.

CLEOMEDON.

Cependant pour le prix de ma fidelité,
Souuiens-toy, me dit-on, que ie t'ay rachepté.

BIRENE.

Il ne peut oublier ce discours qui le touche,
Il l'a tousiours au cœur, & tousiours dans la
bouche.

CLEOMEDON.

Cependant pour le prix de ma fidelité,
Souuiens toy, me dit-on, que ie t'ay rachepté.

BIRENE.

Faut-il qu'vne parole abatte ce courage,
Qu'vn Lyon ne pût vaincre auec toute sa rage?
Faut-il que quatre mots triomphent de ce cœur,
Dont le pouuoir d'vn Roy ne pût estre vainqueur?

CLEOMEDON.

N'ay-ie pas releué ce Monarque perfide?
N'ay ie pas fait douter si i'estois vn Alcide?
I'ay paru sans frayeur, & sans estre troublé,
Où Mars, tout grand qu'il est, eust sans doute
    tremblé.
I'ay chassé de l'Estat les ombres plus funebres,
I'ay ramené le iour où regnoient les tenebres,
Et i'ay fait d'vn Empire où ie doy triompher,
Pour tout le monde vn Ciel, pour moy seul vn
    Enfer.
Enfin de mon trauail le repos prend naissance,
Vn Roy me doit sa vie ainsi que sa puissance.
Cependant pour le prix de sa felicité,
Souuiens-toy, mè dit-il, que ie t'ay racheté.
Il est vray que le Sort captiua mon ieune aage,
Tandis que mon enfance offusqua mon courage.

Mais si la seruitude est odieuse à tous,
C'est vn vice du Sort bien plustost que de nous.
Au point de sa naissance vn Roy sans auantage
Pourroit-il empescher sa honte & son seruage,
Et qu'vn tour de fortune aueugle & sans raison,
De son berceau Royal luy fist vne prison?
Hé bien! ie fus esclaue en mon aage plus tendre:
Mais ce fut pour ton bien, infame Policandre,
Tu dois ton Diadesme à ma captiuité,
Et tu serois captif si ie ne l'eusse esté.
Lors que rien ne s'esgalle à ton bon-heur extréme,
Tu ne peux m'oublier sans t'oublier toy-mesme.
Songe à cét ornement qui brille sur ton front,
Regarde en tes prisons, tes ennemis y sont.
Eux-mesmes te diront que i'asseuray ta gloire,
Et que tout ton Estat m'est vn champ de victoire.
Cependant pour le prix de ta felicité
Souuiens-toy, me dis-tu, que ie t'ay racheté.
O rage! ô desespoir! ô douleur sans pareille!
Reueille à ce grand coup ta fureur qui sommeille,
Ne laissons rien debout, où l'on veut m'abaisser:
Si i'ay tout releué, ie puis tout renuerser.

BIRENE.

Monsieur, parlez plus bas, songez à Celanire.
Si vous ne vous taisez, pour moy ie le vay dire.

CLEOMEDON.

Arreste-toy, Birene: ainsi chere beauté
Par ton nom seulement ce grand cœur est dompté.
Ce bras aussi puissant que le Dieu de la guerre,
Ce bras plus redouté que le feu du tonnerre,
Ce bras dont l'Vniuers a receu tant d'effroy,
Ayant vaincu pour toy, n'est vaincu que par toy.
Pardonne, ma Princesse, à mon inquietude,
Ie veux ce que tu veux, te plaire est mon estude,
Et si du seul penser i'y manquois seulement
Ta perte me seroit vn iuste chastiment.
Mais faut-il qu'à mes maux la fortune inhu-
    maine
Me dérobe auiourd'huy ce beau prix de ma peine?
Verray-ie sans fureur, verray-ie sans transports
Enleuer à mes yeux mes plus riches thresors?
Non, non, ie ne le puis, aydes-moy si tu m'aymes,
Sauuons de si grands biens, ou nous perdons nous-
    mesmes:

G iij

Permettons toute chose à mon iuste couroux,
Celanire, ou la Mort seront des biens pour nous.

   Vous qui rendiez hômage à mô Destin prospere,
Vrais amis, monstrez-vous, où paroist ma misere,
Et faites-moy cognoistre en mon auersité
Que vous m'auez aymé dans la prosperité.
Ie doy voir en l'estat où le Ciel m'abandonne,
Si vous auez aymé, mon Sort, ou ma personne:
Nous tirons ce bon-heur de l'exceds de nos maux,
Qu'ils font voir les amis, veritables, ou faux.

   Mais de tant de flatteurs la troupe criminelle
Vint auec ma fortune, & s'enfuit auec elle;
Ce sont de ces oyseaux, qu'amene le Printemps,
Et que loing de nos yeux chasse le mauuais temps.
Enfin tout m'abandonne, & tout me desespere.
Enfin ie reste seul, & rien ne m'est prospere.
Mais, que dis-ie, insensé par ma propre langueur?
Celui-là n'est point seul à qui reste vn bon cœur.
Osons tout, perdons tout, desià la terre s'ouure,
Et pour me secourir tout l'enfer se descouure,
De leurs fers eternels les Titans detachez,
Paroissent sur les monts qu'ils auoient arrachez:

Regarde, cher amy, leur troupe qui s'assemble,
Dessous de si grands corps desia la terre tremble,
Le Soleil s'en estonne, & semble dire aux Dieux,
Qu'vne seconde guerre a menacé les Cieux.

Geans par qui les Cieux autrefois se troublerent,
Vos efforts sont si grands que les Dieux en trem-
    blerent,

Alons donc asseurez de vaincre cette fois,   [Rois.
Qui fit trembler des Dieux, peut bien vaincre des

BIRENE.

Ce violent transport déplaist à Celanire.

CLEOMEDON.

Ne bougez donc Geans, ma Reine le desire;
Mon Sort est rigoureux, mon malheur apparent,
Mais déplaire à ses yeux m'est vn mal bien plus
    grand.
Voi-tu qu'à ce beau nom, ces Geans obeïssent,
Birene, voi tu pas comme ils s'esuanoüissent,
Et que par le pouuoir de ce nom reueré,
La terre est en repos, & le Ciel asseuré:
Mais, helas, cher Amy, ne voi-tu pas ma Reine,
Qu'vn possesseur indigne horriblement entraine?

Ie la voy toute en pleurs, elle me tend les bras,
Et les miens paresseux ne la sauueroient pas?
Vne lance, vn espieu, depesche, il ne m'importe,

BIRENE.

Celanire deffend que l'on ne vous l'apporte.

CLEOMEDON.

Ie pasme, soustiens-moy, termine mes erreurs,
Et fay de mon trespas la fin de mes fureurs:
Oste à mes ennemis le plaisir, & la gloire
D'obtenir sur ma vie vne pleine victoire.
Ie seray satisfait de mon Sort rigoureux,
Si ie meurs dans mon mal autrement que par eux.

BIRENE.

Monsieur, esperez mieux, les Dieux sont equitables?

CLEOMEDON.

Ha! pour moy seulement les Dieux sont redouta-
bles.
Mais le Somme où la Mort appesantit mon œil,
Porte-moy dans le Ciel, ou bien dans le cercueil.

ACTE V.
SCENE PREMIERE.

BIRENE. ORONTE.

BIRENE.

ORonte à mon aduis ce funeste naufrage
Retardera sans doute vn si beau mariage,
Et l'on derobera quelque temps à l'Amour,
Affin de le donner au dueil de cette Cour.

ORONTE.

Il n'en faut point douter, mais dy moy ie te
    prie
Comment Cleomedon en est de sa furie?
En quel estat l'as-tu si longuement laissé.

BIRENE.

Assez-bon, grace aux Dieux, son transport est
    passé,

Ses esprits sont remis, & son ame arrestee
Dompte les passions qui l'auoient surmontee.
Il se blasme lui-mesme, il reçoit nos conseils,
En fait de ses douleurs les meilleurs appareils,
Et ne s'en faut enfin que l'Amour de son Mai-
    stre,
Qu'il ne soit auiourd'huy ce qu'on la veu parai-
    stre.

ORONTE.

Mais le Palais du Prince est tousiours sa prison?

BIRENE.

Il n'en est point sorty depuis sa guerison,
Il va dans les iardins, ainsi on le hazarde,
Et si ie le quittois il n'auroit plus de garde.
Mais quel est celui-cy qui vient si vistement.

ORONTE.

Vous le pouuez iuger par son habillement.

ACTE V.

SCENE DEVXIESME.

CLORIMANTE. ORONTE. BIRENE.

CLORIMANTE.

NE puis-ie voir le Roy.

ORONTE.
Que lui voulez-vous dire?

CLORIMANTE.
Chose qui le regarde aussi bien que l'Empire.

ORONTE.
Sans doute celui-cy blessé du iugement,
N'a pas l'esprit mieux fait que l'est son vestement.

CLORIMANTE.
Faites-moy voir le Roy, son bien vous en coniure,
Me retenir icy c'est luy faire vne iniure.

BIRENE.

Mais quel Prince, ou quel Roy vous depesche en
  ces lieux?

CLORIMANTE.

Moy-mesme, ou bien plustost la volõté des Dieux.

ORONTE.

Il ne faut plus douter de son extrauagance,
Ce discours nous en donne assez de cognoissance.
Sortez d'icy, bon-homme, adieu, retirez-vous,
Et croyez que la Cour ne manque point de foux.

CLORIMANTE vn peu bas.

Helas! tout clairement, mon malheur me le mon-
    stre,
Puis qu'à mon triste abord ie faits cette rencontre.
Faites-moy voir le Roy, de grace & promptement,
Comme fol, comme sage, il n'importe comment,
Ie porte auecques moy le bien de deux Prouinces,
Et l'on me vid iadis assez proche des Princes.

ORONTE.

Ie suis d'opinion qu'on la veu plus de fois
Dedans les hospitaux, que dans les Cours des
    Rois.

CLORIMANTE.

Ne me dédaignez point pour me voir de la sorte,
Ne iugez pas de moy par l'habit que ie porte,
Quelquefois le dedans vaut mieux que le dehors,
Et soubs vne ruine on trouue des thresors.

ACTE V.

SCENE TROISIESME.

ORONTE. BIRENE. CLORIMANTE.
POLICANDRE.

ORONTE.

Mais desià le Roy sort.
BIRENE.
Mais voyez quelle audace.
CLORIMANTE.

Ha! grand Prince, ha! Messieurs, permettez
que ie passe;

Ne me retenez-point, grand Monarque arreſtez,
Pour entendre la fin de vos aduerſitez:

POLICANDRE.

Qu'on eſloigne ce gueux.

CLORIMANTE.

Sire, c'eſt Clorimante,

POLICANDRE.

Que dit-il?

ORONTE.

A ce mot ſon eſprit s'eſpouuante.

POLICANDRE.

Qu'on le faſſe approcher.

CLORIMANTE.

Que les Dieux me ſont doux,
De me permettre encor d'embraſſer vos genoux!

POLICANDRE.

Eſt-ce toy Clorimante, ô changement extréme,
Ie cherche ton viſage en ton viſage meſme,
Ie te voy tout enſemble, & ie ne te voy pas,
Mais quel heureux Deſtin conduit icy tes pas?
De quels maux as-tu veu ta fortune ſuiuie?
Quelle triſte auanture a trauerſé ta vie!

Quel Sort à ton sujet plein d'horreur & d'effroy,
Ne me fait voir en toy que des restes de toy?

CLORIMANTE.

Que la faueur du Ciel vous est bien manifeste,
En ce qu'elle conserue vn si malheureux reste!
Ie viens vous faire part d'vn secret important.
Qui vous doit estonner & vous rendre content,
C'est de luy d'où despend le repos de vostre ame,
Il vous doit exempter, & de crime, & de blas-
me,
Et par mesme moyen vous monstrer tout à nu,
Que vous auez vn bien qui vous est inconnu.

POLICANDRE.

Dy le moy ce secret, ne me fais plus attendre.

CLORIMANTE.

Sire, c'est en secret, qu'vn secret doit s'apprendre.

POLICANDRE.

Rentrons, & sois certain en ce qu'il te plaira,
Que iamais ma faueur ne t'abandonnera.

ORONTE.

Monsieur, pardonnez-nous.

CLORIMANTE.

Est-ce à moy qu'on s'adresse?
Qui m'outrageoit tantost, maintenant me caresse.
Que ne peut la faueur! Quand nous la possedons,
Nous auons plus d'amis que nous n'en demãdons.

ACTE V.

SCENE QVATRIESME.

CELANIRE seule.

Malheureuse Princesse aux peines asseruïe,
Perds auecques tes pleurs la lumiere & la vie,
Pour vn esprit touché de misere & de dueil,
Le trosne a moins d'appas que n'en a le cercueil,
En vain par ma raison ie veux estre guidee,
Tousiours de deux Tyrans mon ame est possedee,
L'amour & le respect la diuisent entre-eux,
Et mesme ma raison paroist pour tous les deux.

La

La raison equitable autant qu'elle est seuere,
Veut que ie suiue icy les volontez d'vn pere.
Et la mesme raison venant à mon secours,
Veut qu'à nos deffenseurs nous deuions nos
    amours.

  Tristes extremitez où ie me voy contrainte,
Sujets de mon bon-heur, autant que de ma crainte,
Respect qui me blessez, Amour qui me flattez,
A quoy se porteront mes esprits agitez?
Si ie suy le respect, ma peine est euidente:
Si ie suy mon amour, ma honte est apparante.
Quel choix aduantageux finira mon transport?
Ie fuiray l'vn & l'autre, & ie prendray la mort.
L'on ne publiera point que ie fus infidelle,
Ny qu'au vouloir d'vn pere on me trouua rebelle:
Mais l'on dira par tout sans me rien reprocher
Que i'ay sceu me punir deuant que de pecher.

ACTE V.
SCENE CINQVIESME.

BIRENE. CLEOMEDON. CELANIRE.

BIRENE.

Monsieur, que faites-vous?

CLEOMEDON.

Sa perte est arrestee,
Dés le mesme moment que ie l'ay meditee.
Puisque ie l'ay iuré sa ruïne le suit.
Tu me retiens en vain.

CELANIRE.

Mais i'entens quelque bruit.
Est-ce vous?

CLEOMEDON.

Ha! ma Reine.

BIRENE.

Opposez-vous, Madame,

A ce noûueau transport qui bourrelle son ame.
Il cherche Celiante, & conspire sa mort.

CELANIRE.

N'estoit - il pas guery? d'où luy vient ce transport?

BIRENE.

Ayant sçeu le retour de la Princesse Argire,
Il a fait le dessein que ie vous viens de dire.

CLEOMEDON.

Oüy pour vostre repos, plustost que pour mon
bien,
Il faut que son trespas precede icy le mien.

CELANIRE.

Argire est de retour, elle auoit fait naufrage?

BIRENE.

Son vaisseau fut poussé sur vn autre riuage,
Si bien que quelque temps on a cru iustement
Que le lict de la mer estoit son monument.

CELANIRE.

Helas! que ce retour est pour moy redoutable!
Mais, me fais-tu, Birene, vn discours veritable?

BIRENE.

'Argire eſt dans la ville, & deſia ſon retour
A rendu l'alegreſſe au front de cette Cour.

CLEOMEDON.

Croyez ce qu'il en dit, n'en doutez point, Madame,
L'allegreſſe eſt par tout, ſi ce n'eſt dans mon ame.

CELANIRE.

Mais Birene, allez voir tandis qu'il m'entretient,
Si dedans ce iardin perſonne ne ſuruient.

CLEOMEDON.

Permettez mes tranſports, vous aurois-ie cherie,
Si lors que ie voûs perds ie reſtois ſans furie?
Non, il faut qu'elle eſclate, & qu'en vn meſme
iour
Vn coup de deſeſpoir vous montre mon amour.
Dans vn cercueil infame on veut me voir deſcédre,
L'on deſire ma mort, mais ie la ſçaúray vendre.
Quoy qu'on ait laſchement contre moy ſuſcité,
Mon ſang ne coule pas s'il n'eſt bien achepté.
Ce Monarque amoureux ſera de mes victimes,
Ie veux de ſon treſpas faire l'vn de mes crimes,

Ie le veux immoler à mon dernier tranſport,
Affin que ſi ie meurs ie merite la mort.

CELANIRE.

Arreſte, & monſtre moy par ton obeyſſance,
Que i'ay deſſus ton ame vn reſte de puiſſance.
Si le Sort eſt contraire à tes pretentions,
N'adiouſte point le crime à tes afflictions:
Vis auec ce plaiſir que ſi ton cœur endure,
Tu ne merite pas vne peine ſi dure.
Bien que l'on ſoit touché d'vn deſaſtre puiſſant,
On vid auec plaiſir lors qu'on vid innocent.

CLEOMEDON.

Que ce ſoit à mes iours vne honteuſe tache,
Le crime me plaiſt mieux qu'vne innocence laſche.
Si pourtant c'eſt vn crime à mes iuſtes tranſports,
De punir vn voleur qui m'oſte mes threſors.
Que ce ſoit crime ou non, c'eſt ma ſeule allegeance,
N'importe que ma mort ſuiue cette vengeance.
Quoy que voſtre raiſon s'oppoſe à mon deſir,
Lors que l'on meurt vangé on meurt auec plaiſir.
Ie viurois malheureux, & de mes longs ſupplices
Vn ennemy content tireroit ſes delices.

Non, non, il faut qu'il meure, il ne m'importe pas,
Que le Ciel me prepare vn infame trespas.
Le plus grand de nos maux n'est pas cette infamie,
Que donne si souuent la fortune ennemie;
Mais le mal-heur extréme *&* le plus esclatant,
C'est de voir par nos maux nostre ennemy content.

CELANIRE.

Arreste encore vn coup.

CLEOMEDON.

Ainsi tout m'est contraire,
Puisque ce qui m'aymoit deffend mon auersaire.

CELANIRE.

Pense-tu que mon soing tende à le secourir,
Alors que ie te veux empescher de perir?

CLEOMEDON.

Ne vous opposez point aux restes de ma rage,
Ne craignez pl⁹ pour moy, i'ay desià fait naufrage.
Dé quelque Amour qu'on voye vn malheureux
Lors qu'il est sans espoir, il a desià pery.   [chery,

CELANIRE.

Ne desespere point, asseuré que personne
Ne t'ostera iamais la foy que ie te donne.

Et si tu n'as ce cœur amoureux & bruslant,
Vn autre desormais ne l'aura que sanglant.
Le Ciel ne l'enferma dans ce sein miserable,
Qu'affin qu'il fust vn iour ton prix plus honno-
rable.
Tu peux en disposer, ie le mets en ta main;
Et si tu crains sa perte oste le moy du sein.

CLEOMEDON.

Ha! c'est pouuoir beaucoup sur vne ame en furie,
Que de la surmonter par vne flatterie;
Puis que vous le voulez ie perdray mon transport,
I'espereray, Madame, & ce sera la mort.

BIRENE.

Quelqu'vn vous vient querir.

CELANIRE en s'en allant.

Adieu donc, mais espere,
Et croy ce que ie dis plustost que ta colere.

CLEOMEDON.   [changez,

Qu'vn mot qui vient d'Amour nous a bien-tost
Et qu'il a de pouuoir sur nos cœurs affligez!
Ie sçay qu'elle me donne vne esperance ingratte,
Ie la croy toutesfois, pource qu'elle me flatte,

H iiij

Et ſi la mort venoit en cét heureux inſtant,
Auec ce ſeul eſpoir i'expirerois content.
Mais de quelque diſcours qu'on flatte ma miſere,
A peine ay-ie eſperé que ie me deſeſpere.
Mes tourments m'ont quitté pour reuenir plus
    forts,
Et ie rentre toûſiours aux priſons d'où ie ſors:
Ie m'imagine voir qu'apres cette promeſſe,
Le reſpect me rauit la foy de ma Princeſſe,
Et que meſme l'Amour de frayeur eſtonné
Abandonne le cœur qu'elle m'auoit donné.
Helas! que ne fait point le reſpect & la crainte
Dans l'eſprit inconſtant d'vne fille contrainte?
Que l'amour qui s'y trouue eſt ſuiet à manquer,
Quand ſes deux ennemis le viennent attaquer!

ACTE V.

SCENE SIXIESME.

POLICANCRE. ARGIRE. CELIANTE.
CELANIRE. BELISE. CLORIMANTE.

POLICANDRE.

CEliante, mon fils! ha, permettez, Madame,
Qu'au lieu d'vn compliment, ie vous donne
  du blasme.
Vous deuiez terminer tant de maux inhumains,
Puisque vous en auiez le remede en vos mains.
Ie confesse pourtant, aymable & grande Reine,
Que ma desloyauté merita cette peine.   [fis,
Quand vous me punissiez des maux que ie vous
Vous m'estiez douce encor en cherissant mon fils.

ARGIRE.

Depuis que mes fureurs allumerent les guerres,
Qui de pleurs & de sang ont arrousé nos terres,

I'ay mille fois cherché la fin de ce tourment,
De qui ma paſſion fut le commencement:
Et meſme ie ne dis mon biſtoire à Placide,
Qu'à deſſein ſeulement qu'il ſe rendiſt perfide,
Et qu'il puſt en ſecret conclure auec ſon Roy
Vne honnorable paix, & pour vous, & pour
 moy.
Mais ce Dieu qui conduit les affaires humaines,
Rend ſelon qu'il luy plaiſt nos entrepriſes vaines:
Et ſelon qu'il luy plaiſt il verſe deſſus nous
Ce qui nous eſt amer, ou ce qui nous eſt doux.

   POLICANDRE.

Mais monſtrons à ce Dieu par vn exceds de ioye,
Que nous recognoiſſons le bien qu'il nous enuoye,
Que ie trouue mon Sort, & doux & triom-
 phant,
Puſqu'au lieu d'vn captif il me donne vn enfant.

   CELIANTE.

Mais que ie doy loüer la faute de ma merē,
Puis qu'elle me rend fils d'vn ſi genereux pere!
Ainſi, belle Princeſſe, en vn meſme moment
Vous acquerez vn frere, & perdez vn Amant.

CELANIRE.

Ie suis de mon Destin plainement satisfaite,
Puis que mesme en perdant i'ay ce que ie souhaitte.

POLICANDRE.   [eux,

Que i'ayme mes malheurs, puisque i'apprens par
Que i'ay mis sur la terre vn enfant genereux!
Ha! qu'on doit estimer les fautes de ieunesse,
Lors qu'vn bien si parfait en vient à la vieillesse!

ARGIRE.

Helas! depuis ce temps mille secrets ennuis
Ont sans cesse nourry les tourmens où ie suis.
La perte d'vn enfant incessamment me gesne,
Et ce qui fut mon crime, est auiourd'huy ma peine.
Helas en l'exposant i'oubliay qui i'estois,
I'oubliay laschement le nom que ie portois;
Mais lors qu'il fut perdu, la Nature seuere
M'en fit auoir trop tard des sentimens de mere.

POLICANDRE.

Page, faites venir; allez, & promptement
Esperez en ce mal quelque soulagement.
Nous auons vn vieillard dont la science obscure
Vous pourra contenter dessus cette aduanture.

Il pa
à l'o-
reille
d'vn
page.

Et ie croy que les Dieux qui font tout fage-
　ment,
L'enuoyerent icy pour voſtre allegement.
Mais le voicy qui vient.

ARGIRE.

Hé! Dieux, c'eſt Clorimante.
Que deuint en tes màins le petit Celiante?

CLORIMANTE.

Ha! Madame,

ARGIRE.

Dy viſte, eſt-il vif? eſt-il mort?

CLORIMANTE.

Il eſt.

ARGIRE.

Acheue,

CLORIMANTE.

Il eſt ce qu'à voulu le Sort.

ARGIRE.

Celiante n'eſt plus.

CLORIMANTE.

Ie n'en ſçaurois rien dire,
Ie penſe toutefois que ce Prince reſpire,

Et que ce Dieu qui regle & la terre & les Cieux,
Ne voulut me l'oster que pour le garder mieux.
A peine eust-il atteint l'âge de six annees,
Que l'on recommença les guerres terminees.
Dans ce desordre affreux ie le vis enleuer,
Et ie fus pris esclaue en voulant le sauuer:
En cette qualité ma cruelle fortune
Me rendit vagabond sur les flots de Neptune,
Et depuis dans Tunis on me mit en des fers,
Où i'ay passé vingt ans comme on vit aux En-
     fers.
Enfin par mes langueurs ie deuins inhabile,
Et l'on me reietta comme esclaue inutile.
Ainsi par les rigueurs de ma captiuité,
Ie regaigné le bien qu'elle m'auoit osté.
Ie vins donc en ces lieux, où i'appris d'auenture
Cét hymen detestable à toute la nature,
Si bien que pour chasser tant d'horreurs &
     d'effroy,
Vn moment deuant vous ie vins trouuer le Roy.

ARGIRE.

Helas! mon fils est mort.

POLICANDRE.

Mais lors que cette guerre
Paſſa dans vos Eſtats de meſme qu'vn tonnerre,
Vn enfant auſſi beau que la meſme beauté
Me fut pour mon bon-heur eſclaue preſenté;
Ie l'acheptay, Madame, & depuis ſon courage
M'a bien recompensé du prix de ſon ſeruage.
Ne ſeroit-ce point luy? Mandez Cleomedon.
Le recognoiſtrez-vous?

CLORIMANTE.

Non pas, Sire, à ce nom.

POLICANDRE.

Celuy de Quinicſon le fera-il connoiſtre?

CLORIMANTE.

Ha! Sire, ie le voy.

ARGIRE.

Ie ne voy rien paraiſtre.

CLORIMANTE.

A ce nom ſeulement ie penſe le reuoir.
O Dieux! monſtrez-icy quel eſt voſtre pouuoir.

ARGIRE.

Helas! voilà le nom que receut Celiante,

Lors que pour le cacher i'en chargeay Clori-
  mante.
Ie crains de me flatter d'vn faux foulagemént,
Et de n'auoir trouué que fon nom feulement.
Pourquoy le changea-on?

POLICANDRE.

Il fembla trop barbare,
Pour vn petit enfant d'vne beauté fi rare.

ARGIRE.

Mais qu'il me fera doux, qu'il chaffera d'ennuy
Si l'enfant qui l'auoit fe trouue auecques luy?

BELISE à l'efcart.

Enfin à mon Amour l'efperance eft permife,
Et quand i'y penfe moins le Ciel me fauorife.

ARGIRE.

Bien que l'aage en vn corps faffe vn grand chan-
  gement,
Ie le fçauray connoiftre à fa main feulement.
Elle porte vn laurier qu'y traça la Nature.

CELANIRE.

C'eft luy mefme, Madame, ô Diuine aduanture!

ARGIRE.

Dois-ie esperer ce bien?

POLICANDRE.

Madame le voicy.

ACTE V.

SCENE DERNIERE.

POLICANDRE. CLEOMEDON.
CLORIMANTE. ARGIRE. CELANIRE.
CELIANTE. BELISE.

POLICANDRE.

Venez, Cleomedon, approchez-vous d'icy,
Voyez subtilement si sa main est marquee:

CLEOMEDON.

Faut-il voir de nouueau ma fortune attaquee?
Ne me fait-on paraistre en ces lieux redoutez,
Que pour mieux m'asseurer de mes aduersitez?

ue

Que pour me faire voir que ma force contrainte,
Est le mespris de ceux dont elle fut la crainte?
Hé! quoy, pour vos Estats par ma main deffendus,
Pour tant de maux chassez, pour tant de biens
    rendus,
N'auroy-ie pas au moins merité ce salaire,
De ne pas endurer aux yeux d'vn aduersaire?
Ha! Sire, à quels ennuis me peut-on destiner,
Si l'on ma tout donné ce qu'on en peut donner?
Tous les maux assemblez me sôt venus atteindre,
I'en ay receu ce bien que ie n'en doy plus craindre,
Et quoy qu'on me menace en cette extremité,
L'on ne peut rien m'oster puis qu'on m'a tout osté.
Qu'on exerce sur moy des rigueurs inhumaines,
I'en attends moins la mort que la fin de mes pei-
    nes.
Comme vostre iniustice a commencé mes maux,
Que ce soit elle aussi qui borne mes trauaux.
Employez à ma mort vne illustre puissance,
Dont ie vous ay rendu la libre iouyssance:
Acheuez de me perdre ayant sçeu commencer,
Ie ne perds le respect que pour vous y forcer.

CLEOMEDON.

Non, non, n'attendez pas que ma reuolte esclatte

Qu'elle abaisse le prix d'vne Couronne ingratte,
Et que pour mieux vanger mon honneur offencé,
Ie r'apelle chez vous le mal que i'ay chassé.
Cette fatalle main sçeut releuer l'Empire,
Et cette mesme main sçait aussi le destruire.

    CLORIMANTE luy prend la main.

Ha! Sire, c'est luy-mesme, ha! mon Prince, ha!
   mon Roy.

POLICANDRE.

Ie le voy, ce laurier.

ARGIRE.

          Moy-mesme ie le voy,
Mais mieux que ce laurier que nous voyons pa-
   raistre,
Vn secret mouuement me l'a fait recognoistre,
La Nature & le Ciel fauorables & doux,
Me le font voir icy par d'autres yeux que vous.

POLICANDRE.

Ainsi le iuste Ciel luy donna par auance,
De ses hautes vertus la noble recompense,

Et monstra qu'il seroit la gloire des guerriers,
uisque mesme en naissant il obtint des lauriers.

ARGIRE.

Que des Dieux souuerains la conduitte est cou-
uerte!

I'employois vostre fils au coup de vostre perte,
Et par vn Sort estrange, & d'où vient nostre bien,
Pour vous vanger de moy vous vous seruiez du
mien.

Ne m'accusez donc point de vostre mal extréme,
Puisque vostre secours est venu de moy-mesme.
Ie n'accuseray point vostre amour pariuré,
Puis que i'obtiens de vous ce bien inesperé.

CLEOMEDON.

Vostre iniuste rigueur n'est donc pas espuisée,
On veut donc à ma peine adiouster la risee.
Et parce qu'aux grands cœurs c'est le trait de la
mort,
Par elle on veut finir mon miserable Sort.

ARGIRE.

Cleomedon, mon fils, estouffe ta colere
Dans les embrassemens que te donne ta mere;

I ij

Si tu ne peux me croire, apprends par tes exploicts,
Que tu n'as pû sortir que des Dieux & des Rois.

CLEOMEDON.

Est-ce l'effet d'vn charme, ou bien plustost d'vn
    songe,
Qui presēte à mes maux le secours d'vn mensonge?

POLICANDRE.

Rasseure ton esprit, ton Sort est adoucy,
Et si ton mal fut grand, ton bon heur l'est aussi.
Voy ton frere, & l'embrasse.

CLEOMEDON.

                    Hé! Dieu, ce Roy mon frere,
Ha! Sire, la risee est icy toute claire.
Mon frere, vn ennemy qui me priue de biens,
Et m'oste mes thresors pour en faire les siens!

CELIANTE.

Celian-
te dōc
Celani-
e à
Cleo-
medon.

Mon frere, dißipez ces soubçons, & ses craintes,
Ie remets en vos mains le suiet de vos plaintes,
Ie vous rends les thresors que ie vous auois pris,
Et pour m'auoir vaincu ie vous donne ce prix.

POLICANDRE.

Celanire est à toy, que rien ne t'en estonne,

Par les mains de mon fils c'est moy qui te la donne,
Et tu me dois aymer tout autant que iamais,
Puis qu'enfin ie gueris les maux que ie t'ay faits.
Madame, approuuez-vous ce qu'il a peine à
[croire?

ARGIRE.

S'il en reçoit du bien, i'en reçoy de la gloire.

POLICANDRE.

Vous, ma fille, en cecy serez-vous contre nous?

CELANIRE.

Vous pouuez disposer des biens qui sont à vous.
N'ayant point d'autre soin que de vous satisfaire,
Ie borne mes desirs de celuy de vous plaire.

CLEOMEDON.

Ha! Madame, est-il vray qu'vn sort prodigieux
M'esleue des Enfers à la gloire des Cieux?

ARGIRE.

N'en doute point, mon fils, tu sçauras l'auanture,
Qui rend à tes beaux iours vne gloire si pure.

POLICANDRE.

Mais pour nous mieux combler de biens & de
plaisirs,
Celiante, mon fils, contente mes desirs.

CELIANTE.

Me voila prest à tout.

POLICANDRE.

    Voy-tu cette Princesse?
Elle est pour vn Monarque vne digne Maistresse,
Adore ses vertus, ayme-la desormais,
Elle n'est pas ma fille, on le sçait, tu le sçais.
Alors que i'espousay la Reine Doranise,
D'vn premier mariage elle auoit eu Belise.

CELIANTE.

La loy que ie reçoy de vostre volonté,
Ie la prendroy bien-tost de sa seule beauté.
Si Madame y consent, ie l'adore, ie l'ayme,
Et mon ame luy fait vn present de soy-mesme.

BELISE.

I'aymerois peu mon bien & mon contentement,
Si ie n'acceptois pas vn present si charmant.

POLICANDRE.

Mais ce n'est pas assez que ces deux mariages
Esloignent de nos cœurs la crainte des orages,
Bien que l'on en espere vn calme non commun,
L'honneur de Celiante en demande encor vn.

C'eſt le noſtre, Madame, en ſerez-vous contente,
Et verray ie à mes vœux reſpondre voſtre attente?

ARGIRE.

Ie me declarerois indigne de bon-heur,
Si ie ne conſentois à ce que veut l'honneur.

POLICANDRE.

Mais apres tant de biens, ſans borne & ſans
    exemples,
N'oublions pas le prix que l'on en doit aux Tem-
    ples.
Ainſi les feux de Mars eſtouffez à leur tour,
Cederont pour iamais aux flames de l'Amour.

FIN.

www.ingramcontent.com/pod-product-compliance
Lightning Source LLC
Chambersburg PA
CBHW051716090426
42738CB00010B/1943